चीता

भारतीय जंगलों का गुम शहज़ादा

वाणी
पृथ्वी

जंगल कथा
भाग एक

कबीर संजय

वाणी प्रकाशन

वाणी प्रकाशन

4695, 21-ए, दरियागंज, नयी दिल्ली 110 002

फ़ोन : +91 11 23273167 फ़ैक्स : +91 11 23275710

शाखाएँ

अशोक राजपथ, पटना 800 004, बिहार

कॉफ़ी हाउस कैम्पस, महात्मा गाँधी मार्ग, इलाहाबाद 211 001, उत्तर प्रदेश

महात्मा गाँधी अन्तरराष्ट्रीय हिन्दी विश्वविद्यालय, वर्धा 442 001, महाराष्ट्र

सुल्तानिया रोड, मोतिया पार्क, भोपाल 462 001, मध्य प्रदेश

www.vaniprakashan.com
marketing@vaniprakashan.in
sales@vaniprakashan.in

CHEETAH
by Kabeer Sanjay

ISBN : 978-93-89915-65-5
Social Science/Non-Fiction

प्रथम संस्करण 2020

मूल्य : ₹ 395

सिटी प्रेस, दिल्ली-110 095 में मुद्रित

वाणी प्रकाशन का लोगो मक़बूल फ़िदा हुसेन की कूची से

वसु मालवीय की याद को

प्राक्कथन

हम धरती पर अकेले नहीं हैं। बहुत सारे जीव–जन्तु और वनस्पतियाँ हैं, जो हमारे जैसे ही जन्म लेती हैं, बड़ी होती हैं और मर जाती हैं। अपने जीवनभर वे खाने–पीने की जुगत में लगी होती हैं। पोषण से बड़ी होती हैं। अपनी सन्तति को आगे बढ़ाने की फ़िक्र में घुली रहती हैं। अपनी ऊर्जा की एक लकीर अपनी सन्तति में खींचकर वे समाप्त हो जाती हैं। सोचिए, अगर हम अकेले होते। हमारे अलावा कोई भी ऐसा नहीं होता, जिसमें जीवन का स्पंदन हो। चारों तरफ़ सिर्फ़ निर्जीव चीज़ें ही होतीं।

ऐसी दुनिया की कल्पना करना भी मुश्किल है। हमारा अस्तित्व सिर्फ़ इसलिए है, क्योंकि उनका अस्तित्व है। जीवों और वनस्पतियों की इन असंख्य प्रजातियों के बिना हमारा जीवन सम्भव नहीं है। हमारी हर साँस इसकी क़र्ज़दार या निर्भर है। फिर क्यों हम सिर्फ़ अपने जीवन की शर्त पर सबकुछ नष्ट करने पर तुले हुए हैं। क्या जब वे मौजूद नहीं होंगे, नष्ट हो चुके होंगे, तब भी हम इस धरा पर ऐसे ही बचे रहेंगे। ऐसी कोई सम्भावना दिखती तो नहीं है।

यह किताब कुछ ऐसे ही सवालों का जवाब तलाशने की एक कोशिश भर है। दोस्तों, वन और वन्यजीवन का मैं कोई विशेषज्ञ नहीं हूँ। देहरादून में पत्रकारिता के दौरान मुझे भी पहली बार यह बात पता चली कि भारत से चीता को विलुप्त हुए कई साल हो चुके हैं। उससे पहले चीता कैसे इन्सानों के एक साथी की भूमिका निभाता रहा। उसे दोबारा भारत में बसाने का प्रयास भी उन दिनों चल रहा था। इन प्रयासों पर ख़बरों को लिखने के समय ही बड़ी बिल्लियों के

शाही परिवार की मुझे भली–भाँति जानकारी मिली। इन बिल्लियों से प्यार पैदा हुआ। तब से ही इस प्यार को साकार रूप देने की इच्छा मन में रही। तो, अब यह इस रूप में सामने है।

इस किताब की सामग्रियों के लिए इतने विविध स्रोतों की छानबीन करनी पड़ी है कि शायद सभी का आभार जताना भी यहाँ सम्भव नहीं है। फिर भी भारतीय वन्य जीव संस्थान देहरादून, बाम्बे नेचुरल हिस्ट्री सोसाइटी, भारत सरकार का वन एवं पर्यावरण मन्त्रालय, वन्यजीव विशेषज्ञ डॉ. वाई.वी. झाला, दिव्यभानु सिंह, वाल्मीक थापर, डॉ. फ़ैयाज़ ख़ुदसर, सोहेल मदान, सुनीता नारायण की मदद और मार्गदर्शन के बग़ैर यह काम पूरा होना सम्भव नहीं था। इनमें से कुछ लोगों से निजी बातचीत और मुलाक़ातों ने मेरे सोच के दायरे को बड़ा किया तो कुछ की किताबों या उनके लेखों ने मेरी नज़रिये को सन्तुलित किया। डॉ. फ़ैयाज़ ख़ुदसर का विशेष आभार इसलिए भी कि पूरी किताब को धैर्य के साथ पढ़कर उन्होंने बेहद काम की सलाहें दीं। किताब में इस्तेमाल किये गये फ़ोटोग्राफ़ भी कुछ इन स्रोतों से तो कुछ इंटरनेट से जुटाये गये हैं। इसलिए अगर किसी का नाम लिए बग़ैर यहाँ रह गया है तो इसे यह जानकर माफ़ करेंगे कि हिन्दी के पाठकों को भारत के वन्यजीवन से परिचित कराने का यह छोटा–सा प्रयास भर ही है। निश्चित तौर पर इसमें त्रुटियाँ रह ही जानी हैं।

मेरे जैसे ही कुछ और लोग अगर किताब पढ़कर इस गुम शहज़ादे के पाँवों के निशान तलाशने निकल पड़ते हैं, तो मैं अपने प्रयास को सफल मानूँगा।

अनुक्रम

सब ख़त्म होने के बाद भी क्या बच जाता है

हंगरी के एक कहानीकार हैं, लायोश जिलाही। उनकी कहानी "यान कोवाच का अन्त" मेरे ख़यालों को बार-बार तंग करती है। यान कोवाच आलमारी बनाने वाला एक कारीगर है। उस दिन जब यान कोवाच सुबह उठा तो उसके मुँह का स्वाद अजीब-सा था। दिनभर भी वह थका-माँदा मशीन चलाता रहा। काम ख़त्म करके रात को वह घर पहुँचा और खाना खाकर सो गया। लकड़ी के एक गोदाम में वह एक विधवा बुढ़िया के साथ रहता था। नींद में ही उसकी मौत हो गयी। वह एक मृदुभाषी, बेजान चेहरे वाला आदमी था जिसके कन्धे झुके हुए थे और मूँछे ताँबाई। जब उसकी मृत्यु हुई, वह 35 वर्ष का था। दो दिन बाद उसे दफ़ना दिया गया।

दुनिया में यान कोवाच का कोई नहीं था। न पत्नी, न बच्चे। सिर्फ़ एक चचेरी बहन थी। पाँच साल बाद, जिसकी दुकान पर वह काम करता था, उसकी मौत हो गयी। नौ साल बाद जिस विधवा बुढ़िया के साथ वह काठगोदाम में रहता था उसे भी मृत्यु ने हर लिया। 14 साल बाद उसकी चचेरी बहन भी मर गयी। चचेरी बहन की मौत के 21 महीने के बाद शराबख़ाने में जाम पर जाम गटक रहे शराबियों के बीच किसी अन्य प्रकरण के सम्बन्ध में यान कोवाच का नाम लिया जाता है। यह अन्तिम मौक़ा था जब किसी मनुष्य ने यान कोवाच का नाम लिया।

इसके भी कई सालों बाद, हृदय रोग से पीड़ित एक महिला को अस्पताल में भर्ती कराया जाता है। अपनी मौत का इन्तज़ार करते, रात के अँधेरे में अपनी ज़िन्दगी के सबसे अच्छे दिनों को

याद करते हुए वह महिला गाँव के उन दिनों की याद कर बैठती है, जब एक नौजवान के हाथों में हाथ डाले वह गन्ध से भरे खेतों में घूमी थी और उस रात उस नौजवान के साथ उसने ज़िन्दगी का सुख पहली बार जाना था। यह नौजवान यान कोवाच था और अब अन्तिम बार उसका चेहरा, उसकी आवाज़ और उसकी सूरत याद की गयी थी। उस मरती हुई महिला ने यान कोवाच का नाम नहीं लिया था, बस उसके दिमाग़ में कुछ लम्हों के लिए उसकी स्मृति प्रकट भर हो गयी थी।

उस महिला की मौत के दूसरे साल चर्च आग से ध्वस्त हो गया और वहाँ पर मौजूद कागज़ात जिनमें यान कोवाच के जन्म और मृत्यु का ब्यौरा था, वे भी ख़ाक हो गये। अगले साल जाड़ा बहुत पड़ा। एक शाम को एक आदमी फटे–पुराने कपड़े पहने, छिपकर क़ब्रगाह में घुस आया। उसे आग जलाने के लिए लकड़ी के दो क्रॉस चुराने थे। इनमें से एक क्रॉस यान कोवाच की क़ब्र का था।

फिर बीस साल बीत गये। केचकेमेथ में एक जवान वकील अपने पिता की सम्पत्ति की फ़ेहरिश्त बना रहा था। पिता की दराज में उसे एक कागज़ मिला। इस पर पॉलिश की हुई दो कुर्सियों की क़ीमत प्राप्त होने की रसीद यान कोवाच ने लिखकर दी थी। उस पर यान कोवाच के दस्तख़त थे। जवान वकील ने वह कागज़ गोड़–तोड़कर टोकरी में फेंक दिया। अगले दिन उसकी नौकरानी ने वह टोकरी घर के बाहर पलट दी। तीन दिन बाद ज़ोरदार बारिश हुई। मुड़ा–तुड़ा कागज़ पूरा भीग गया। अक्षर धुल गये। उसमें जो बचा था ...य...कोवा...। बारिश ने सबकुछ धो दिया। कुछ हफ़्ते बाद बादल गड़गड़ाये, मूसलाधार बारिश हुई। उस दोपहर उस मुड़े–तुड़े कागज़ के शेष अक्षर भी धुल गये। 'व' अक्षर सबसे ज़्यादा दिनों तक बचा रहा क्योंकि यान कोवाच ने व के घुमाव पर अपनी क़लम कुछ ज़ोर से चलाई थी। फिर बारिश ने उसे भी धो दिया।

और उस क्षण–उसकी मृत्यु के 49 वर्ष बाद–आलमारी बनाने वाले उस कारीगर की ज़िन्दगी इस धरती से सदा–सदा के लिए समाप्त और लुप्त हो गयी।

लायोश जिलाही की यह कहानी जिन शब्दों के साथ समाप्त होती है, वे मुझे हमेशा ही दिल के अन्दर तक मथते रहे हैं। एक आदमी अपनी मौत के बाद भी 49 साल तक जीता रहा। किसी–न–किसी रूप में उसका अस्तित्व बना हुआ था। उसके निशान इस धरती पर मौजूद थे। वह अपने साथ रहने वाले लोगों में जी रहा था। वह उन लोगों में भी जी रहा था, जिनसे उसने मात खाई थी या फिर जिनको उसने शह दी थी। वह लोगों की यादों में जी रहा था। वह उन काग़ज़ों में जी रहा था, जिनमें उसके पैदा होने और मरने की तारीख़ें दर्ज की गयी थीं। अपनी क़ब्र पर लगे लकड़ी के क्रॉस में भी वह अपने अस्तित्व की गवाही दे रहा था। वह उन काग़ज़ों में भी जी रहा था, जिन पर उसने अपने दस्तख़त किये थे। जिन पर उसने अपनी क़लमें चलाई थीं।

ये सब कहीं–न–कहीं से उसके अस्तित्व का ऐलान कर रहे थे। हाँ, वो यहीं था। यहीं उसने अपना सारा जीवन बिताया। यहीं पर वह हँसा, रोया। काम किया। यहीं पर उसने प्रेम किया और फिर यहीं पर वो मर गया। जब तक वह अपने लिखे हुए एक भी शब्द, अपने नाम के एक भी अक्षर में बचा हुआ था, वह जीवित था। उसका अस्तित्व बचा हुआ था, लेकिन उसके जीवन के संकेत एक–एक कर समाप्त होते गये। एक दिन वह भी आया जब वह पूरी तरह से विलुप्त हो गया। अब उसके अस्तित्व की गवाहियाँ देने वाले भी निशान नहीं बचे हैं। काग़ज़ पर बनाये हुए उसके दस्तख़त के अन्तिम शब्दों के साथ ही वह मिट जाता है। लाओश जिलाही यहीं पर कहानी ख़त्म कर देते हैं। हालाँकि, यह सोचा जा सकता है कि इसके कई और सालों बाद तक अपने बनाये हुए फ़र्नीचरों में वह ज़रूर जीता रहा होगा। हाँ, यह ज़रूर है कि इन फर्नीचरों पर उसका नाम नहीं लिखा होगा।

अक्सर ही भारत के जंगलों से पूरी तरह विलुप्त हो चुके चीतों के बारे में भी मैं ऐसे ही सोचने लगता हूँ। क्या उनका अस्तित्व पूरी तरह मिट चुका है या फिर अभी भी वे अपने जीवन के संकेतों में बचे हुए

हैं। अभी भी वे अपने उन निशानों में से अपने होने का झण्डा बुलन्द कर रहे हैं, जो उन्होंने अपने जीवित रहते हुए इस धरती पर छोड़े थी। कभी भारत का एक बड़ा भू–भाग उनकी तेज़ रफ़्तार दौड़ और फुर्तीली छलाँगों का साक्षी हुआ करता था, लेकिन आज़ादी के साथ ही भारत के जंगलों का यह शहज़ादा पूरी तरह विलुप्त हो गया। अब इस बात को सत्तर साल से ज़्यादा हो गये हैं। यहाँ तक कि उसके क़दमों के निशान भी मिटने लगे हैं। पर प्रकृति में सबकुछ इतनी आसानी से ख़त्म नहीं हो जाता।

मॉरीशस से विलुप्त हुए डोडो पक्षियों की प्रकृति में अहमियत को समझने में भी लोगों को तीन सौ साल लग गये। इतने सालों बाद कहीं जाकर पता चला कि जिन पेड़ों के फलों को वे खाते थे, वे पेड़ समाप्त होते जा रहे हैं। ख़ासकर मॉरीशस का कलमेरिया पेड़। क्योंकि, अब कोई ऐसा जीव नहीं रहा जो उनके फलों की ऊपरी परत को अपने पाचन तन्त्र में गला दे, जिससे कि उसके बीज अंकुरित हो सकें। इन पेड़ों की ज़रूरतों में डोडो पक्षी के निशान बचे हुए थे। इसी तरह दुनिया का दूसरे नम्बर का सबसे तेज़ धावक भी अपने अस्तित्व से किसी और के अस्तित्व की गवाही देता है। अमेरिकी हिरन प्रोंगहोर्न चीते के बाद दुनिया में सबसे तेज़ दौड़ने वाले जानवर हैं। लेकिन, वे इतनी तेज़ दौड़ते क्यों हैं, जब उन्हें पकड़ने के लिए उनके पीछे इतनी तेज़ी से भागने वाला कोई शिकारी नहीं है। यह सवाल विशेषज्ञों को भी चकित करता रहा, पर तमाम शोध के बाद पता चला कि दस हज़ार साल पहले अमेरिकी महाद्वीप के घसियाले मैदानों में चीते जैसा एक जानवर हुआ करता था, जो इतनी ही तेज़ी से प्रोंगहोर्न को खदेड़ा करता था और प्रोंगहोर्न को जान बचाने के लिए दम छोड़कर भागना पड़ता था। चीते जैसा वह जानवर तो लुप्त हो गया, पर उसकी वह जानदार दौड़, उसकी वह फुर्तीली छलाँग अभी भी प्रोंगहोर्न के डर में जीवित है। दस हज़ार साल बाद भी अपने शिकारी का डर प्रोंगहार्न को ज़रा भी सुस्त नहीं होने दे रहा है। प्रोंगहोर्न के इस डर में चीते जैसे उस जानवर का अस्तित्व बना हुआ है। दस हज़ार सालों बाद भी।

प्रकृति में कुछ भी बेकार और बेवजह नहीं होता। सभी जीव और पेड़–पौधे प्रकृति में अपनी कोई ख़ास भूमिका अदा करते हैं। प्रकृति उन पर अपना असर डालती है और वे प्रकृति पर अपना असर डालते हैं। वे अपने आस–पास के पेड़–पौधों और जीवों पर असर डालते हैं। उनकी मौजूदगी प्रकृति के उस चक्र को पूरा करती है। जिसमें उनकी भूमिका होती है। अगर वे ग़ैरमौजूद हो जायें, तो यह चक्र बीच में बाधित हो जाता है।

हर दिन धरती से न जाने कितना पानी वाष्प बनकर बादलों में तब्दील हो जाता है। फिर यही बादल धरती पर बरसते रहते हैं। इनका पानी नदियों और तालाबों में भर जाता है। वही पानी फिर से समुन्दरों में जाकर जमा हो जाता है। फिर से हर दिन पानी वाष्प बनकर बादलों में जमा हो जाता है। फिर से धरती पर यह प्यार उमड़ने–घुमड़ने लगता है। धरती, पानी, वाष्प, बादलों, नदियों और समुन्दरों का यह जीवन चक्र है। यह चक्र कहीं से टूटता नहीं है। यहाँ पर सभी अपनी भूमिका पूरी मुस्तैदी से अदा करते हैं। सोचिए, क्या हो अगर कोई बीच की कड़ी ग़ायब हो जाये तो। यह पूरा का पूरा तन्त्र ही बाधित हो जायेगा।

जीवित और निर्जीव के बीच दो सबसे बड़े और मूलभूत अन्तर हैं। पोषण और प्रजनन। जीवित किसी–न–किसी भाँति अपना पोषण करते हैं और किसी–न–किसी भाँति प्रजनन करते हैं। अगर वे इन दो में से एक काम भी नहीं करते तो उन्हें जीवितों की श्रेणी में रखना उचित न होगा। हाँ, इनके बीच एक ऐसी श्रेणी भी है जो यूँ तो निर्जीव की तरह निष्क्रिय पड़ी रहती है, लेकिन किसी जीवित कोशिका के सम्पर्क में आते ही जीवित हो जाती है। जीवित होना यानी खुद का पोषण करना और प्रजनन करना। प्रजनन का मतलब अपने ही जैसे और प्राणी या पादप तैयार करना। सरल शब्दों में इसे कहा जा सकता है कि खाना–पानी यानी शारीरिक ज़रूरतें पूरी करना और अपने जैसे प्राणी पैदा करना। यही जीवित के गुण हैं। प्रकृति के जन्म और मरण का चक्र तो यही है।

किन्हीं जीवों को तो कई बार प्रकृति कुछ ज़्यादा ही बड़े कार्यभार

भी सौंप देती है। पौधे किसी को आकर्षित करना चाहते हैं तो किसी को विकर्षित। कोई हर समय उनको खाने के लिए मुँह बाए न खड़ा रहे, इसके लिए पौधों ने अपने ऊपर तमाम क़िस्म के काँटे उगा लिए। उनके तनों से ज़हरीला दूध जैसा पदार्थ निकलने लगा। इसके चलते पौधे हर किसी जानवर के खाये जाने से बच जाते हैं।

जबकि, कुछ को अपने इर्द–गिर्द मँडराने देना फ़ायदे का सौदा है। पौधे चाहते हैं कि वे अपने पराग को अपनी ही जाति के दूसरे पौधे तक पहुँचा दें। इसके लिए पौधे अपनी डालियों पर सुन्दर–सुन्दर फूल उगा लेते हैं, ख़ुद को फूलों से सजा लेते हैं, इन फूलों से मकरन्द भी निकलने लगता है। मधुमक्खियाँ, तितलियाँ और फूलों का रस चूसने वाले पक्षी इन फूलों से पराग और मकरन्द निकालने के लिए आ जाते हैं। इन्हीं के ज़रिये इन पौधों का परागण होता है और इन पौधों की नयी नस्लें तैयार होती हैं। पेड़ अपने ऊपर फल उगा लेते हैं, पक्षी इन फलों को खाते हैं और दूर–दूर तक जाकर बीट करते हैं। इसके चलते पेड़ अपनी नस्लों को, अपने बीजों को ऐसी जगहों तक भी पहुँचा देते हैं, जहाँ तक वे ख़ुद कभी भी नहीं जा सकते। समुन्दरों में बसे छोटे–छोटे टापुओं पर भी आमतौर पर ढेरों पेड़–पौधे उगे होते हैं। पक्षियों ने इन पेड़ों को यहाँ तक पहुँचाया है। पेड़ों के नज़रिये से देखा जाये तो इतनी दूर तक पहुँचने के लिए किसी पक्षी का पेट भरना कोई घाटे का सौदा नहीं है।

लेकिन, सोचिए कि अगर ये मधुमक्खियाँ, ये तितलियाँ और ये पक्षी विलुप्त हो गये तो। कुछ लोग कहेंगे इससे तो पेड़–पौधों को बहुत नुक़सान होगा। पर सिर्फ़ पेड़–पौधों का नहीं जनाब, हम मनुष्यों का भी कुछ कम नुक़सान नहीं होगा।

जन्तु जगत कई अलग–अलग वर्गीकरणों में बँटा हुआ है। कुछ जीव दिनचर हैं तो कुछ रात्रिचर। कुछ के लिए दिन और रात का कोई फ़र्क़ नहीं है। उनमें से कुछ चरने वाले जानवर हैं, तो कुछ कुतरने वाले। कुछ पानी में तैरना पसन्द करते हैं तो कुछ हवा में उड़ना और कुछ सूखी ज़मीन पर फर्राटा भरना। कुछ जानवर लम्बी सर्दियों के दिनों में शीत निद्रा में चले जाते हैं। अपनी शारीरिक गतिविधियों को

बेहद सीमित करके किसी अँधेरी गुफा या संकरी जगह में वे लम्बी नींद में चले जाते हैं। इसे हायबरनेशन या शीतनिद्रा भी कहा जाता है। जबकि, कुछ जीव ऐसे हैं जो साल भर उछलते–कूदते रहते हैं। उन्हें शीतनिद्रा की कोई परवाह ही नहीं है। खान–पान की आदतों के हिसाब से जीव मुख्यतः तीन प्रकार के होते हैं। हर्बीवोरस यानी शाकाहारी। कार्नीवोरस यानी मांसाहारी। ओमनीवोरस यानी सर्वाहारी।

ग़ौर से देखें तो हम यह मान लेंगे कि जीवन का आधार पादप जगत ही है। मांसाहारियों और सर्वाहारियों के लिए भी क्योंकि, मांसाहारी जीव जिन जीवों का मांस खाते हैं, वे किसी शाकाहार पर ही अपनी गुज़र–बसर करते हैं। इसलिए बिना पादपों के जीव–जन्तुओं के जीवन की कल्पना भी नहीं की जा सकती। वनस्पतियाँ ही भोजन तैयार करने का मूलभूत काम करती हैं। शाकाहारी जीव इन्हीं पर फलते–फूलते हैं। पर मांसाहारी जीवों ने अपने पोषण के लिए इससे बेहतर तरीक़ा निकाल लिया। उन्होंने शाकाहार पर पलने वाले जीवों को ही खाना शुरू कर दिया। इससे उन्हें ज़्यादा पोषण मिलने लगा। चरने वाले जीव लगातार चरते रहते हैं, क्योंकि जो घास वे खाते हैं उसमें पोषक तत्त्वों की मात्रा बहुत ही कम होती है। जबकि, इन चरने वाले जीवों को जो जानवर खाते हैं, वे लम्बी नींद लेते हैं। शेर दिन में लगभग बीस घण्टे तक सोता रह सकता है क्योंकि, वह ऐसा भोजन ग्रहण करता है, जिसमें प्रोटीन व अन्य पोषक तत्त्वों की मात्रा बहुत ज़्यादा होती है। मगरमच्छ व अजगर जैसे कई सरीसृपों को एक बार खाना खाने के बाद कई हफ़्तों तक खाने की ज़रूरत नहीं होती। अपने शिकार से मिलने वाले पोषक तत्त्वों को वे धीरे–धीरे पचाते रहते हैं।

जिन पादपों पर, फ़सलों पर, सब्ज़ियों पर, फलों पर, अन्न पर हम मनुष्यों का जीवन चलता है, उनमें से ज़्यादातर का परागण मधुमक्खियाँ करती हैं। मानव सभ्यता पर मधुमक्खियों द्वारा किया जाने वाला यह बहुत बड़ा अहसान है। पर वे इस अहसान को कभी जताती नहीं हैं। मधुमक्खियों की आबादी पर किसी भी तरह के ख़तरे को मानव समाज पर भी एक बड़े ख़तरे के तौर पर देखा जाना चाहिए। क्योंकि, बिना मधुमक्खियों के हम इतनी क़िस्मों की सब्ज़ियों और फलों की तो

कल्पना भी नहीं कर सकते हैं। फ़सलों में लगने वाले न जाने कितने तरह के कीटों और चूहों की आबादी को नियन्त्रित करने में पक्षियों की भूमिका को क्या कोई नकार सकता है। शायद इसीलिए सुख–समृद्धि की प्रतीक देवी लक्ष्मी ने अपना वाहन उल्लू को बनाया, जो चूहों को खाकर फ़सल को बचाने का काम करता है।

कुछ ऐसी ही ज़िम्मेदारी प्रकृति में गिद्धों ने भी उठा रखी है। वे धरती को साफ़ करते हैं। मरे हुए पशु का मांस हजम कर वे प्रकृति को प्रदूषित होने से बचाते हैं। उनके न होने से कितना नुक़सान हो सकता है, इसकी एक झलक आज हम अपने देश में देख सकते हैं। गिद्धों की आबादी पर छाये संकट ने गाँव–गाँव में कई ऐसी समस्याओं को जन्म दे दिया है, जिसके बारे में पहले कोई कल्पना भी नहीं किया करता था।

इसलिए, पृथ्वी से विलुप्त होने वाला कोई भी जीव केवल ख़ुद समाप्त नहीं होता, उसके साथ पूरी की पूरी एक श्रृंखला, एक तन्त्र नष्ट होने लगता है, जिसका कि वह हिस्सा हुआ करता था। हो सकता है कि प्रकृति में उसकी महत्त्वपूर्ण भूमिका के बारे में हमें अभी पता नहीं चला हो। हो सकता है कि अभी हम उसके विलुप्त होने के असर को समझ नहीं पाये हों। लेकिन, समय आता है जब हमें पता चलता है कि अरे, इस समस्या के पीछे कारण तो यह था। या फिर, हम सोचते हैं कि अगर वह पशु या पक्षी होता तो यह परेशानी तो नहीं होती। हम यानी मनुष्य भी पृथ्वी पर चलने वाली तमाम गतिविधियों के एक अंग हैं। इस चक्र के संचालित होने में हमारी भी भूमिका है। हम महत्त्वपूर्ण कारक हैं लेकिन, अन्य कारकों की भी अनदेखी नहीं की जा सकती है। वे कारक भी महत्त्वपूर्ण हैं। भले ही कोई कम तो कोई ज़्यादा।

हमारी धरती की उम्र लगभग साढ़े चार अरब साल मानी जाती है। नयी रेडियोमीट्रिक तकनीक से यह उम्र आंकी गयी है। वैज्ञानिकों का मानना है कि पृथ्वी पर जीवन की उत्पत्ति हुए भी साढ़े तीन अरब साल बीत चुके हैं। जीवन की उत्पत्ति मतलब वे पहले पदार्थ या तत्त्व जो अपने जैसे किसी अन्य पदार्थ या तत्त्व को बनाने में सक्षम

थे। यही तत्त्व या प्रोटीन बाद में थोड़ी जटिल संरचनाओं में तब्दील हुए। जिनसे पहले एक कोशिकीय फिर बहुकोशिकीय जीव पैदा हुए। एक कोशिकीय जीव अमीबा और बहुकोशिकीय हायड्रा जैसे जीव इस विकास क्रम की गवाही देने के लिए आज भी मौजूद हैं। जीवन पानी में पनपा। फिर वहाँ से पहले दलदल फिर सूखी ज़मीन पर पहुँच गया। फिर वह पेड़ों और आसमान पर भी पहुँच गया। जीवन की एक दिशा पादपों की तरफ़ रही तो दूसरी दिशा जन्तु जगत की तरफ़ रही। दोनों के बीच मोटे तौर पर अन्तर सिर्फ़ इतना है कि पादप अपना भोजन ख़ुद बनाते हैं, जबकि जन्तु पोषण के लिए पादपों या दूसरे जन्तुओं पर निर्भर रहते हैं। जन्तुओं की एक श्रेणी पानी में ही रह गयी जबकि दूसरी सूखी ज़मीन पर फलने–फूलने लगी। पहली को जलचर तो दूसरी को थलचर कहा गया। कुछ ऐसे भी रहे जिन्हें उभयचरी पसन्द रही। यानी जल में भी और थल में भी।

बहुकोशिकीय जीवों से ऐसे जीवों की रचना हुई जिनकी कई कोशिकाएँ मिलकर एक ही प्रकार के काम करती थीं। इन्हें ऊतक कहा गया। कई कोशिकाओं के मिलकर एक ही काम करने से ही बाद में चलकर अलग–अलग अंगों का विकास हुआ। पानी के तमाम जीवों के बीच धीरे–धीरे सरीसृपों की एक पूरी श्रृंखला विकसित हुई। बाद में इनकी एक शाखा आसमान में उड़ने लगी और पक्षियों की विविध प्रजातियों में तब्दील हो गयी। ऐसे वैज्ञानिकों की संख्या ज़्यादा है जो यह मानते हैं कि डायनासोरों के सबसे नज़दीकी रिश्तेदार पक्षी ही हैं।

वहीं, ज़मीन और पानी में रहने वाले सरीसृपों की तमाम प्रजातियाँ भी फलती–फूलती रहीं। इनके बाद स्तनपायी जीवों का विकास हुआ। सरीसृप जहाँ अपने जैसे जीवन की सम्भावना को एक अण्डे में बन्द कर अपने घोंसले में रख देते थे और उस अण्डे को सेते थे। यानी गर्मी देते थे। अण्डे में उनके जैसे जीव के बनने की प्रक्रिया उसे सेने के दौरान ही पूरी होती थी। जबकि, स्तनपायी जीवों ने इसका दूसरा हल निकाल लिया। वे जीवन को अपने शरीर के अन्दर ही पालने लगे और लगभग पूर्ण विकसित अपने जैसे ही जीवन को पैदा करने लगे। वे अपने बच्चों को दूध पिलाते थे। सरीसृपों और स्तनपायी जीवों में एक अन्य महत्त्वपूर्ण

अन्तर उनके शारीरिक तापमान का भी है। सरीसृप ठण्डे रक्त वाले यानी कोल्ड ब्लड वाले कहे जाते हैं, जबकि स्तनपायी जीव गर्म रक्त वाले। तापमान घटने के साथ ही सरीसृपों की सक्रियता कम हो जाती है। इसके चलते उन्हें पहले अपने शरीर को गरम करके रक्त को गर्म करना होता है। मगरमच्छ से लेकर अजगर तक तमाम क़िस्म के सरीसृप सर्दी के मौसम में धूप सेंकते हुए देखे जा सकते हैं।

चरने वाले या खुर वाले जानवरों को हमेशा ही किसी शिकारी जानवर का शिकार बन जाने का ख़तरा लगा रहता था। इसके चलते उनके बच्चे पैदा होने के कुछ ही घण्टों में अपने माँ–बाप की तरह ही तेज़ भागने वाले हो जाते हैं। जबकि, शिकारी जानवर चूँकि भोजन श्रृंखला में ऊपर थे, इसलिए उनके बच्चे अपने माँ–बाप की सुकून भरी देखभाल में कुछ दिन गुज़ारने का आन्नद ले सकते थे। शेरनियाँ और बाघिनें अपने बच्चों को डेढ़ से दो साल तक अपनी कड़ी सुरक्षा और देखभाल में रखती हैं, इस दौरान वे उसे जंगल में जीने के गुर सिखाती हैं और शिकार की कठिन तकनीक में भी पारंगत बनाती हैं। फिर बच्चे स्वतन्त्र हो जाते हैं और अपना रास्ता भी ले लेते हैं। हम मनुष्यों में हालाँकि बालिग होने की आयु कुछ ज़्यादा ही है और कुछ लोग तो ताउम्र बालिग नहीं हो पाते।

तो देखिए सुरक्षा और संरक्षण कैसे–कैसे असर डालते हैं।

ख़ैर, पृथ्वी पर जीवन की उत्पत्ति के साढ़े तीन अरब सालों में न जाने कितने क़िस्म के जीव पैदा हुए और मर–खप गये। कॉकरोच और मगरमच्छ जैसे कुछ ऐसे जीव हैं जो हज़ारों–लाखों सालों से अपना अस्तित्व बनाये रखे हुए हैं। जबकि जीवों की हज़ारों प्रजातियाँ ऐसी रही हैं, जो समय के साथ तालमेल नहीं बैठा सकीं और विलुप्त हो गयीं। उनमें से कुछ प्रजातियाँ ऐसी भी थीं जो पूरी प्रकृति की नियंता भी बन चुकी थीं, लेकिन जब वे ग़ायब हुईं तो उनका निशान ढूँढ़ने में भी लोगों को मशक़्क़त करनी पड़ी। हालाँकि, विलुप्त हुए जीवों ने भी अपने समय की प्रकृति और जीवों में ऐसे बड़े बदलाव किये, जिनके निशान मिटाने आसान नहीं हैं।

भारत के जंगलों से भी एक ऐसा ही बड़ा जानवर हाल के वर्षों

में विलुप्त हुआ है, जिसके गुणों की मिसाल मिलनी मुश्किल है। चीता कभी हमारे देश के जंगलों की शान हुआ करता था। उसकी चपल और तेज़ रफ़्तार ने काले मृग जैसे उसके शिकारों को ज़्यादा–से–ज़्यादा तेज़ भागने पर मज़बूर कर दिया। काले मृग या ब्लैक बक अभी भी अपनी बेहद तेज़ रफ़्तार के लिए जाने जाते हैं।

इस किताब में भारतीय जनमानस में रचे–बसे चीतों के ऐसे ही निशानों को ढूँढ़ने के प्रयास किये गये हैं। यक़ीन मानिए कि ये निशान भारत के जंगलों में अभी भी बहुतायत से बिखरे पड़े हैं। ज़रूरत सिर्फ़ इन्हें पहचानने की है। भारतीय जंगलों के यान कोवाच की मौत भले ही हो चुकी है, लेकिन उनका अन्त नहीं हुआ है। उनके अस्तित्व की निशानियाँ अभी ख़त्म नहीं हुई हैं।

कभी धरती पर राज करते थे डायनासोर

जिन लोगों की भी निगाहें इन शब्दों से होकर गुज़र रही हैं, उनमें से शायद ही कोई ऐसा होगा जिसने डायनासोर का नाम नहीं सुना हो। डायनासोर यानी वो विशालकाय, भीमकाय जीव जिनका कभी पृथ्वी पर राज हुआ करता था। ज़मीन पर रहने वाले सबसे बड़े जानवर के तौर पर हम हाथी को जानते हैं। इसलिए बड़ी चीज़ों की तुलना भी हम हाथी से करते हैं। डायनासोर की विशाल काया के बारे में कभी हम कहते हैं कि एक के ऊपर एक करके दो हाथी खड़े कर दिये जायें तो एक डायनासोर के बराबर की ऊँचाई मिलेगी। तो कभी कहते हैं कि एक–एक कर पाँच हाथियों को लाइन से खड़ा कर दिया जाये तो एक डायनासोर के बराबर की लम्बाई मिलेगी। जिराफ़ से ज़्यादा ऊँचे। ऊँट से ज़्यादा लम्बी गर्दनों वाले। शेरों से भी ज़्यादा ख़ौफ़नाक उनकी आवाज़ें जंगलों में गूँजती रहती थीं। ये विशालकाय छिपकलियाँ पृथ्वी के कई हिस्सों पर बिना किसी रोक–टोक के घूमती थीं। उन्हें अगर कोई डर था तो सिर्फ़ अपनी ही तरह के किसी और डायनासोर से। वे बड़े–बड़े ऊँचे पेड़ों को भी चर जाने वाले शाकाहारी थे। वे एक ही कौर में बड़े–बड़े जानवरों को चबा जाने वाले मांसाहारी थे। उनमें से कुछ ने उड़ना भी सीख लिया था तो कुछ अपनी तेज़ दौड़ से विरोधी को परास्त कर देते थे। कइयों के आकार बड़े अनोखे हुआ करते थे। किसी के पीठ पर मोटे–मोटे काँटों जैसी संरचनाएँ उगी हुई थीं तो किसी के पास बड़ी अनोखी सींगें हुआ करती थीं। कुछ आकार में छोटे भी, थे तो कुछ बेहद भारी–भरकम और विशालकाय। वे अपने अगले छोटे पैरों को उठा लेते थे और पिछले लम्बे और मज़बूत पैरों

पर चलते और दौड़ते थे। उनकी लम्बी पूँछ उनको चलते समय सहारा दिया करती थी। वे अपनी दुनिया के राजा थे। उनका विरोध बस ख़ुद से था। बाक़ी कोई उन्हें चुनौती देने वाला ही नहीं था।

पृथ्वी के करोड़ों साल के विकास क्रम में कुदरत ने डायनासोरों को गढ़ा था। बदले में उन्होंने भी पृथ्वी को गढ़ने की हरचन्द कोशिशें कीं। अपने समय की भोजन श्रृंखला में सबसे ऊपर रहने वाले इन जीवों ने पूरे जीवन को ही अपने हिसाब से बदल डालने का प्रयास किया। लेकिन, करोड़ों सालों तक पृथ्वी पर राज करने वाले इन डायनासोरों का ख़ात्मा हो गया। कोई उल्का पिण्ड पृथ्वी से टकराया और उससे तापमान में हुए परिवर्तन के कारण डायनासोर ख़त्म हो गये या कि डायनासोरों के बड़े–बड़े अण्डों को उस समय पनप रहे छोटे स्तनधारी जीवों ने कुतर दिया या कि उनका विशालकाय शरीर ही उन्हें विकास क्रम में आगे ले जाने में बाधा बन गया। डायनासोरों के लुप्त होने के तमाम कारण रहे होंगे। उन्हें खोजने की, तलाशने की पूरी कोशिशें भी की जा रही हैं। उनके अस्तित्व की कहानियाँ पृथ्वी के चप्पे–चप्पे पर छुपी हुई हैं। उनकी विशालकाय हड्डियाँ, उनके अण्डों के निशान, उनके लम्बे–लम्बे दाँतों की विशाल पंक्तियाँ उनके होने की गवाहियाँ देती हैं। ये सारे जीवाश्म अलग–अलग संग्रहालयों में एकत्र किये गये हैं। इसके अलावा भी जीवाश्म मिल रहे हैं। सोचो, अगर ये निशान नहीं मिलते तो शायद हम पृथ्वी पर राज करने वाले इतने भीमकाय जीवों के बारे में जानते भी नहीं। हमें कभी पता भी नहीं चलता कि जिन गलियों, सड़कों, मोहल्लों, शहरों और देशों में हम रहते हैं कभी वहाँ पर डायनासोर जैसे विशाल जानवरों का राज रहा था। डायनासोर विलुप्त हो गये।

आज इस बात पर भी बहस की जाती है कि अगर डायनासोर विलुप्त नहीं हुए होते तो क्या होता। क्या उनकी मौजूदगी में भी पृथ्वी पर जीवन इसी तरह विकसित होता। अगर डायनासोर होते तो क्या पृथ्वी पर मानव जैसे जीव पनप सकते थे। जिन्हें डायनासोरों के करोड़ों साल बाद इस पृथ्वी पर राज करना था। इस तरह की तमाम कयासबाज़ियाँ हैं। लोगों के अपने–अपने तर्क हैं। पर एक बात

बड़ी महत्त्वपूर्ण है। पृथ्वी पर मौजूद हर जीवन इस पारिस्थितिकी का हिस्सा है। अपने इस तन्त्र में वह एक महत्त्वपूर्ण भूमिका अदा करता है। उसके नहीं होने से वह सिलसिला टूट जाता है। एक कड़ी टूटती है तो उससे जुड़ी कई और कड़ियाँ भी टूट जाती हैं। एक जीव विलुप्त होता है तो उसके साथ जुड़े कुछ और जीव भी विदा ले लेते हैं। कुछ पेड़–पौधे भी अपने जीवन को या तो सिकोड़ लेते हैं या और विस्तार दे देते हैं।

डायनासोरों के अलावा भी कई विशाल प्राणी पृथ्वी के वातावरण में विकसित हुए, उन्होंने अपने आस–पास के पर्यावरण पर प्रभाव डाला और फिर किसी–न–किसी कारण से विलुप्त हो गये। कभी पृथ्वी पर आज के हाथियों से दो–तीन गुना ज़्यादा बड़े मैमथ भी घूमा करते थे। हाथियों जैसे इन जीवों के शरीर पर घने बाल उगा करते थे। इन्हें हाथियों का पूर्वज भी कहा जा सकता है, लेकिन बाद में हुए पर्यावरण परिवर्तन से वे तालमेल नहीं बैठा सके और विलुप्त हो गये। तब के मानवों ने मैमथ का शिकार करना भी सीख लिया था। इन्सान एक बड़ा–सा गड्ढा खोद देते थे फिर मैमथ को चारों तरफ़ से घेर कर उसे गड्ढे में गिरा देते थे। या फिर उसे खाई या किसी ऊँची जगह से गिरा देते थे। जिससे उसकी मौत हो जाती थी और बाद में इन्सान मैमथ की दावत उड़ाते थे। जानवरों के झुण्ड को घेरकर उसे ऊँची जगह से गिराकर उसका शिकार करने के निशान घोड़ों के मामले में भी मिले हैं। पालतू बनाने से पहले इन्सान जंगली घोड़ों का भी शिकार करते थे। हिम युग से पहले या उसके तुरन्त बाद के समय का एक और महत्त्वपूर्ण प्राणी असिदंत या सेबर टूथ टाइगर (बड़े दाँतों वाला बाघ) था। यह आज के शेर या बाघ से तीन–चार गुना बड़ा एक शिकारी जानवर था। उसके कैनाइन दाँतों का आकार भी बहुत बड़ा होता था। उस समय के मनुष्य को असिदंत से बहुत ज़्यादा ख़तरा रहता था। इसके चलते मानव हमेशा इसके प्रति सतर्क होकर रहता। मानवों की शक्ति सामाजिकता में थी। वे अपने बड़े–बड़े समूहों की मदद से असिदंत से भी मुक़ाबला कर लेते थे, लेकिन, पर्यावरण बदलने के साथ ही असिदंत भी पृथ्वी से लुप्त हो गये। इन जीवों के लुप्त होने में हिम–युग के शुरू

होने को भी एक बड़ा कारण माना जाता है। इन्सान और जानवरों में एक महत्त्वपूर्ण अन्तर यह है कि इन्सान अपनी हर ज़रूरत के हिसाब से औजार बनाता है। जबकि, जानवर ज़्यादातर अपने शरीर में ही इस अनुसार परिवर्तन कर लेते हैं। जैसे ठण्डे इलाक़ों में रहने वाले जानवरों ने अपने शरीर पर मोटे–मोटे झबरीले बाल या फर उगा लिए हैं, ताकि वे बर्फ़ीली ठण्डी हवाओं से बच सकें। जबकि, इन्सान यह करने की बजाय प्रकृति में मौजूद चीज़ों से ऐसे औज़ार या चीज़ें बनाता है जिससे वातावरण की कठिनाइयों का सामना किया जा सके। यही कारण है कि हिमयुग आने के साथ ही कई जानवर पर्यावरण के साथ तालमेल नहीं बना सके। दरअसल, हिमयुग का मुक़ाबला करने लायक़ फर अपने शरीर पर उगाने के लिए विकास क्रम को लाखों–हज़ारों सालों की ज़रूरत पड़ती है। जबकि, इन्सान ने अपने औज़ारों की मदद से यह काम बहुत ही जल्दी सीख लिया। उसने दूसरे जानवरों की खालों और पेड़ की छालों को पहनना सीख लिया। उसने अपने पैरों को चमड़े या पेड़ की छाल के जूते पहनाये। इसके चलते हिमयुग से इन्सान बच निकला, जबकि कई जीव इन लम्बी सर्दियों का मुक़ाबला नहीं कर पाये और हमेशा के लिए समाप्त हो गये।

हर विलुप्त जीवन कुदरत में होने वाले परिवर्तनों को प्रकट करता है। जिन कारकों ने पृथ्वी पर उनके अस्तित्व को ही समाप्त कर दिया, निश्चित तौर पर वे कारक भी बड़े महत्त्वपूर्ण रहते होंगे। पूरी पृथ्वी के जीवन को प्रभावित करने वाले सबसे बड़े कारकों में मनुष्य जाति भी शामिल है। कम–से–कम यह बात तो निश्चित तौर पर कही जा सकती है कि पिछले तीन सौ सालों में पृथ्वी की दिनचर्या प्रभावित करने वाले जो भी बड़े परिवर्तन हुए हैं, उनमें किसी–न–किसी तरह से मानव जाति का हाथ रहा है।

भारतीय चीते की कहानी

सांस्कृतिक विविधताओं की तरह ही भारत प्राकृतिक विविधताओं का भी देश है। तीन तरफ़ समुद्र हैं, तो हिमालय के ऊँचे–ऊँचे पहाड़ हैं, जो वर्षभर बर्फ़ से ढके रहते हैं। हर समय बरसात से भीगते घने जंगल हैं तो ऐसे रेगिस्तान हैं जिनकी ख़ुश्क और गरम हवा जीवों का ख़ून सुखाने में भी कोई कसर नहीं छोड़ती। भारत के जंगलों और वन्य जीवन पर इन प्राकृतिक विविधताओं की गहरी छाप है। बेहद अनूठे वन्य जीवों का घर हमारा देश सदियों से रहा है।

जीव जगत का ऐसा ही एक शहज़ादा भारत के जंगलों में अब से सत्तर साल पहले तक रहता था। जी हाँ, कभी यह भारत के जन–जीवन में इतना रचा–बसा था कि उसके बिना उस समय के जीवन की कल्पना भी नहीं की जा सकती थी। ख़ासतौर पर शिकार और शिकार से जुड़े मनोरंजन में इनकी बड़ी भूमिका रही है। इस शहज़ादे का नाम चीता था। चीता यानी चित्तियों वाला। हल्के पीले शरीर पर पड़ी काली–काली चित्तियाँ और आँखों से मुँह के पास तक काजल जैसी काली रेखा देखने में इसे तेंदुए से अलग करती है। यह काली रेखा एकदम ऐसी है जैसे आँखों से लुढ़ककर कोई आँसू नाक के पास से गाल पर बहता हुआ गिर गया हो। इसे टियर लाइन कहा भी जाता है। शरीर पर पड़ी काली चित्तियों के चलते चीते को संस्कृत में चित्रका कहा गया, लेकिन भारत की आज की पीढ़ी के लिए बस चीते के चित्र ही उपलब्ध हैं। वो भी अफ्रीकी चीते की। भारत की धरती से उनका नामो–निशान मिट गया।

अब टीवी पर या अख़बारों में जिन चीतों को हम देखते हैं उनमें

से ज़्यादातर अफ्रीका के हैं। अफ्रीका के कई जंगलों और नेशनल पार्कों में अभी भी चीते फल–फूल रहे हैं। उनकी फुर्तीली दौड़ देखकर लोग मुग्ध हो जाते हैं। उन्हें शिकार करते हुए देखने के लिए वन्यजीव विशेषज्ञ और वन्यजीव प्रेमी लम्बे समय तक साँस बाँधे इन्तज़ार करते हैं। थोड़ी देर तक घात लगाने के बाद जब किसी इंपाला हिरन के पीछे चीता झपट्टा मारकर दौड़ लगाता है तो उसकी छलाँग देखने वाली होती है। अपनी पूँछ को हवा में किसी झण्डे की तरह फहराते हुए, उससे अपने पूरे शरीर को सन्तुलित करते हुए, ऐसा लगता है कि उसके पैर जैसे ज़मीन पर पड़ ही नहीं रहे हैं। पैर बस ज़रा–सा ज़मीन को छूकर किसी दबाये गये स्प्रिंग की तरह तेज़–रफ़्तार से छूटते हैं।

भारत के भी घसियाले मैदानों में कभी यह नजारा बेहद आम रहा होगा। काले मृग या ब्लैक बक की लम्बी छलाँगों का हर कोई कायल है। उसे भागते देखकर लोग दाँतों तले अपनी उँगलियाँ दबा लेते हैं। क्या कोई इस जानवर को भी पकड़ सकता होगा। काली मृग की इस रफ़्तार का कारण चीते की दौड़ ही है। अगर चीता उसे इतनी रफ़्तार से खदेड़ता नहीं होता तो काले मृग को इतनी तेज़ रफ़्तार से दौड़ने की ज़रूरत भी नहीं होती। शिकार और शिकारी के बीच हर दिन चलने वाली यह कशमकश हज़ारों साल के विकास क्रम में दोनों की ही क्षमताओं को निखार देती है। दोनों ही अपने हुनर को माँझते रहते हैं।

एक ज़माने में पंजाब, राजस्थान, महाराष्ट्र, गुजरात, मध्य प्रदेश, उत्तर प्रदेश या भारत के अन्य घसियाले मैदानों में चीते अपने शिकार के पीछे घात लगाते और उन्हें खदेड़कर पकड़ते देखे जा सकते थे। यहाँ तक कि जब अंग्रेज़ भारत आये तो उन्होंने राजा–महाराजाओं, नवाबों और बादशाहों को शिकार में चीते का भारी पैमाने पर उपयोग करते हुए देखा। अंग्रेज़ इसे शुरू में तेंदुए की ही कोई नस्ल समझकर हंटिंग लेपर्ड या शिकारी तेंदुआ कहा करते थे। बाद में उन्होंने इसके अलग गुणों की पहचान कर अलग प्रजाति के तौर पर मान्यता दी।

भारतीय मध्ययुग में राजा–महाराजाओं और नवाबों–बादशाहों के मनोरंजन के मुख्य साधनों में शिकार शामिल था। राजा–महाराजा

अपने बड़े–बड़े शिकारी दलों के साथ जंगलों में शिकार करने जाया करते थे। वे अपनी रियासतों में ऐसे बड़े जंगल छोड़कर रखते थे, जिनका उपयोग वे शिकारगाह के रूप में किया करते थे। यहाँ पर राजा और उनके अनुचर हाथी या घोड़े पर बैठकर शिकार का निरीक्षण किया करते थे। जबकि, उनके कर्मचारी प्रशिक्षित चीतों की मदद से जंगलों में हिरनों का शिकार किया करते थे। राजाओं–नवाबों में अपने शिकारगाह में ज़्यादा–से–ज़्यादा प्रशिक्षित चीतों को रखने की होड़ भी थी। चीतों की संख्या को राजा की मान प्रतिष्ठा और हैसियत से भी जोड़कर देखा जाता था। प्रशिक्षित चीतों को एक–दूसरे को उपहार में देने का भी चलन था। जबकि, चीतों को एक–दूसरे से लड़ाने का शगल भी कुछ जगहों पर देखा जा सकता था। राजाओं–बादशाहों की कुछ शिकारगाहें आज अभ्यारण्य और राष्ट्रीय उद्यान बन गये हैं।

इस तरह से भारत के इतिहास के एक लम्बे हिस्से में उस समाज के मनोरंजन में चीतों की बड़ी भूमिका रही है। शिकार करने और उन्हें आपस में लड़ाने के लिए चीतों का प्रयोग किया जाता था। इसके लिए चीतों को बड़े पैमाने पर पालतू बनाया गया। उनके गले में पट्टा पहनाकर उन्हें ज़ंज़ीरों और रस्सियों से बाँधकर रखा जाता था। किसी जानवर को देखकर वे बिना वजह उत्तेजित न हो जायें, इसके लिए उनकी आँखों पर चमड़े का पट्टा बाँध दिया जाता था। उन्हें किसी बैलगाड़ी पर बैठाकर जंगल में ले जाया जाता था। जब हिरनों के किसी झुण्ड के नज़दीक होने का पता चलता था तो चीते की आँखों पर बाँधा गया यह पट्टा हटा दिया जाता था। चीतों का प्रशिक्षक हिरनों की तरफ़ इशारा करते हुए उन्हें शिकार के पीछे हुश्कार कर खदेड़ देता था। चीता अपनी करिश्माई दौड़ से काले हिरनों के झुण्ड को चमत्कृत कर देता। बचने की कोशिश में तितर–बितर होकर भाग रहे काले हिरनों को एक तरफ़ से राजा–महाराजाओं के कर्मचारी कभी–कभी हाँका भी लगाया करते थे। इससे काले हिरनों के अन्दर और ज़्यादा असमंजस बढ़ जाता था। इससे वे अपने भागने की दिशा को लेकर दुविधा में पड़ जाते थे। तभी अपनी पूँछ को किसी झण्डे की तरह लहराते हुए और अपने दोनों पैरों को ज़मीन पर बस ज़रा–सा

छुआ कर उछलते हुए वहाँ पहुँचा चीता उनकी गर्दन दबोच लेता।

हिरनों की गर्दन दबोचकर चीता उनकी श्वाँस नली बन्द कर देता। कुछ ही देर में हिरन की साँसे रुक जाती। उसकी गर्दन टूट जाती। इसी बीच वहाँ पहुँचा चीते का प्रशिक्षक उसे अपने क़ाबू में ले लेता। तुरन्त ही हिरन की एक टाँग काटकर चीते को दे दी जाती। उसके आँखों पर फिर से वही चमड़े का पट्टा पहना दिया जाता। चीता अपनी साँसे सँभालता हुआ शिकार में से हाथ लगे अपने हिस्से को जीभ से चाटता और दाँतों से मांस काटने में मगन हो जाता था। भारत में राजा–महाराजाओं की शिकारकथाओं में इस चीते के महत्त्वपूर्ण योगदान को अक्सर कम करके ही आंका गया है। आमतौर पर महाराजाओं के शौर्य की दास्तानें तो लिखी गयीं, लेकिन चीते की फुर्ती की कहानी को बयान नहीं किया गया। क्या चीतों के बिना भी राजा–महाराजा अपने शिकार के मनोरंजन में उतनी सफलता हासिल कर पाते।

उस समय के कई चित्रकारों ने शिकार के समय चीतों के उपयोग को अपने चित्रों में अंकित किया है। इन पेंटिंग्स में शिकार पर जाते राजा–महाराजाओं के साथ, उनके सैनिक, अनुचर, हाथी–घोड़ों के साथ–साथ गले पर चमड़े का पट्टा बाँधे चीतों को भी चित्रित किया गया है। चुस्त और फुर्तीले चीते यहाँ पर अपने मालिकों के साथ पालतू बिल्लियों जैसे ही नज़र आते हैं।

चीते की शारीरिक ख़ासियतें

चीते की दो प्रजातियों को दुनिया में पहचाना गया है। इनमें से एक तो अफ्रीका के अलग–अलग देशों में बसते हैं और जिन्हें ही हम ज़्यादातर टीवी और किताबों के पन्नों पर तस्वीरों में देखते हैं। जबकि, चीतों की दूसरी प्रजाति एशियाई चीतों की है। भारत में पाये जाने वाले चीते एशियाई प्रजाति के थे। कभी इनका भारत के राजस्थान और पंजाब से लेकर पाकिस्तान के बलूचिस्तान, अफ़गानिस्तान और ईरान तक फैलाव था। अभी भी बचे–खुचे एशियाई चीतों की तादाद ईरान के ही ख़ुश्क इलाक़ों में बसती है। ईरान के राष्ट्रीय उद्यानों में ही इनकी कुछ संख्या बची हुई है। हालाँकि, यहाँ भी इन चीतों की कुल संख्या को लेकर विशेषज्ञों के अनुमान अलग–अलग हैं। माना जाता है कि यहाँ पर पचास के लगभग एशियाई चीते बचे हो सकते हैं।

एशियाई चीते अपने अफ्रीकी रिश्तेदारों से ज़्यादा चुस्त, हल्के और छोटे हुआ करते हैं। औसतन पूरी तरह से परिपक्व एशियाई चीते की लम्बाई लगभग 112 से 135 सेंटीमीटर तक हुआ करती है। जबकि, इसके पूँछ की लम्बाई लगभग 66 से 84 सेंटीमीटर हुआ करती है। एशियाई चीते का वजन 34 से 54 किलोग्राम के बीच हो सकता है। मादा चीते की तुलना में नर चीता थोड़ा बड़ा होता है। अफ्रीकी चीते का रंग एशियाई चीते की तुलना में ज़्यादा गाढ़ा होता है।

भागते समय चीते का शरीर तेज़ी से गरम हो जाता है। माना जाता है कि चीता अपने आराम के समय की तुलना में 60 गुना ज़्यादा गरमी पैदा करता है जब वह किसी शिकार का पीछा कर रहा होता है। इसके चलते चीते का शरीर एक ऐसे तापमान पर पहुँच

जाता है जहाँ पर उसे तुरन्त ही आराम करने की ज़रूरत पड़ती है। चीता लम्बी रेस का घोड़ा नहीं है। वह छोटी दूरी का धावक है। अपनी अधिकतम रफ़्तार पर वह बस कुछ ही सेकेंड तक रह पाता है। उसे अपने शिकार को इसी बीच में पकड़ लेना होता है। अगर वह इस समय को चूक गया तो उसे तुरन्त रुककर आराम करना पड़ेगा। नहीं तो गरमी से उसके शरीर को इतना नुक़सान हो सकता है जिससे उसकी मौत भी हो सकती है। तनाव और गरमी उसकी जान ले सकती है।

शिकार में चीता अपनी सारी ऊर्जा झोंक देता है। इसके चलते शिकार के तुरन्त बाद वह बेहद असुरक्षित हो जाता है। ऐसे समय में उससे बड़े शिकारी उसका शिकार छीन सकते हैं। शिकार के तुरन्त बाद चीता भी अपने शिकार जितना ही असहाय नज़र आता है। यहाँ तक कि वह अपना शिकार बचाने के लिए किसी अन्य जानवर का प्रतिवाद भी नहीं कर पाता। चीता शिकार के तुरन्त बाद ही अपनी साँसों को थोड़ा थामने की कोशिश में जुट जाता है। जैसे ही साँसें क़ाबू में आती हैं वह शिकार को खाना शुरू कर देता है। शिकार कभी भी कोई छीनकर ले जा सकता है। इसके चलते चीता एक बार में ही ज़्यादा–से–ज़्यादा खा लेना चाहता है। बचे हुए खाने को वह आमतौर पर घसियाले मैदानों के बीच–बीच में उगी हुई झाड़ियों

में छुपाने की कोशिश करता है। हालाँकि, यह तय नहीं होता है कि वह अगली बार जब वापस उसे खाने आयेगा, तो वह उसे खाने को मिलेगा भी या नहीं। इसलिए चीता ज़्यादातर ताज़ा शिकार किया हुआ मांस ही खाते हैं। दूसरों के किये हुए शिकार या मरे हुए जानवर के मांस पर भी उनकी निर्भरता नहीं है। जबकि, बाघ, शेर और तेंदुए जैसे जानवर दूसरे के शिकार को छीनने और मरे हुए जानवर के मांस को खाने से एकदम भी परहेज़ नहीं करते। बल्कि, यह उनके दैनिक आहार का एक अहम हिस्सा है। इसलिए, असली शिकारी जानवर की पदवी दरअसल चीते को मिलनी जानी चाहिए। एक बात और, सभी बड़ी बिल्लियाँ अपने ऊर्जा बजट का विशेष ख़याल रखती हैं। यानी अगर उन्हें लगता है कि शिकार को पकड़ने में जितनी ऊर्जा ख़र्च होने वाली है, उतनी ऊर्जा उन्हें शिकार से प्राप्त नहीं होने वाली, तो वे शिकार को छोड़ देती हैं।

सिर्फ़ सत्रह सेकेंड का सुल्तान है चीता

चीते यूँ तो धरती पर सबसे तेज़ दौड़ने वाले प्राणी हैं, लेकिन वे ज़्यादा दूरी तक ऐसा नहीं कर पाते। चीते अपनी अधिकतम रफ़्तार में एक किलोमीटर से भी कम की दूरी पार कर पाते हैं। जबकि, दौड़ना शुरू करने के लगभग 17 सेकेंड में ही उनका दम टूटने लगता है।

दुनिया में सबसे तेज़ दौड़ना एक तरह का वरदान है, लेकिन, इसे अभिशाप भी बनते देर नहीं लगती। चीते को अपनी तेज़ रफ़्तार की क़ीमत चुकानी पड़ती है। अपनी रफ़्तार के इस्तेमाल में बरती गयी ज़रा–सी भी चूक से उसकी जान जोख़िम में पड़ सकती है। हवा में भरी गयी अपनी उछाल के दौरान ही वह बेहोश हो सकता है और उसकी मौत हो सकती है।

चीते का पूरा शरीर चुस्ती और फुर्ती का एक ग़ज़ब नमूना होता है। मज़बूत मांसपेशियों से गठे हुए उसके शरीर में चर्बी का कहीं नामोनिशान नहीं होता। कमर और रीढ़ की हड्डियाँ लचीली होती हैं जो उसे तेज़ रफ़्तार के दौरान लम्बी छलाँग मारने में मदद करती हैं। पाँव लम्बे पतले होते हैं। मुँह पतला और छोटा होता है। किसी नुकीले तीर जैसा, जो किसी भी तरह से हवा के वेग को काटकर उसकी रफ़्तार को और तेज़ करने के लिए बेहद मुफ़ीद साबित होता है। विडाल प्रजाति के जानवरों के पंजे बड़े कारगर होते हैं। शेर अपने पंजे के लम्बे नाखूनों से जंगली भैंसे और जिराफ़ जैसे ज़ानवरों के शरीर पर भी लटक जाता है। जबकि, तेंदुए अपने पंजों के नाख़ूनों का इस्तेमाल करके पेड़ पर आसानी से चढ़ जाते हैं। हैरत की बात है कि वे अपने शरीर के वजन के बराबर का शिकार लेकर भी पेड़

पर चढ़ सकते हैं। जगुआर अपने इन्हीं पंजों से पानी की सतह के नीचे तैरने वाली मछलियों का शिकार कर लेता है और एलीगेटर भी उसका निशाना बन जाते हैं।

लेकिन, इन सभी बड़ी बिल्लियों के नाखून आमतौर पर अन्दर की ओर मुड़े रहते हैं। वे शिकार के समय ही बाहर आते हैं। सामान्यतया उनके नाखून बाहर से देखने में दिखते भी नहीं हैं। पर चीते के नाखून सामान्य बड़ी बिल्लियों से अलग होते हैं। पंजों की बनावट भी अलग होती है। चीते के पंजे अन्य बिल्लियों की तुलना में ज़्यादा चपटे होते हैं। इनके नाखून बाहर की तरफ़ निकले होते हैं। इससे उन्हें अपनी तेज़ रफ़्तार के दौरान सन्तुलन बनाने में मदद मिलती है। अन्दर की तरफ़ मुड़े हुए नाखून उनकी रफ़्तार को कम कर सकते थे। चीते शिकार के लिए अपनी रफ़्तार पर ही भरोसा करते हैं। जबकि, तेंदुए जैसा जानवर शिकार के लिए अपनी घात लगाने और क्षलावरण यानी वातावरण में अपने को छुपाने की क्षमता पर ज़्यादा भरोसा करता है। चपटे पैर और बाहर की ओर निकले हुए नाखून चीते को अपनी अधिकतम रफ़्तार के दौरान भी सन्तुलन बनाकर शिकार को दबोचने में मदद करते हैं। आँख के पास से नाक के पास तक बनी हुई काली धारी जिसे टियर लाइन कहते हैं, चीते को अपने शिकार पर ध्यान एकाग्र करने में मदद करती है। इसके चलते वह अपने शिकार को ज़्यादा अच्छी तरह से देख पाता है।

चीते अपनी अधिकतम रफ़्तार में लगभग 110 किलोमीटर प्रति घण्टे से भी तेज़ दौड़ सकते हैं। सूखी ज़मीन पर दौड़ने वाले किसी भी जानवर में यह सबसे तेज़ रफ़्तार है। ख़ास बात यह भी है कि चीते की रफ़्तार में फुर्ती यानी पिक–अप भी बहुत होता है। चीते ज़ीरो से साठ किलोमीटर प्रति घण्टे की रफ़्तार पर सिर्फ़ तीन सेकेंड में पहुँच जाते हैं। किसी हाई पिक–अप बाइक के लिए भी यह क्षमता बहुत ज़्यादा है, लेकिन, यही तेज़ रफ़्तार चीते के लिए जानलेवा साबित हो सकती है। अपनी रफ़्तार पर वे ज़्यादा देर तक बने नहीं रह पाते।

मुश्किल से छह सेकेंड में वे अपनी टॉप स्पीड पर पहुँच जाते हैं और 12 सेकेंड में ही वे थकने लगते हैं। सिर्फ़ 17 सेकेंड में ही उनके

शरीर का तापमान इतना ज़्यादा हो जाता है कि वे अपनी दौड़ को बरक़रार नहीं रख पाते। यहाँ तक कि अगले पाँच सेकेंड और दौड़ने पर उनकी जान भी जा सकती है। अगली छलाँग के दौरान वे हवा में ही बेहोश हो सकते हैं और ज़मीन पर गिरते ही उनकी मौत हो सकती है। इसलिए 17 सेकेंड की दौड़ के बाद उन्हें रुकना पड़ता है। गैजेल जैसे उनके शिकारों के लिए चीते से बचना बहुत मुश्किल भी नहीं है। उन्हें बस चीते के थकने तक ही उसकी पहुँच से दूर रहना होता है। वे कभी तो तेज़ रफ़्तार, कभी ऊँची–ऊँची छलाँगों और कलाबाज़ियों व तुरन्त दौड़ने की दिशा बदलने की अपनी क्षमता से चीते की पहुँच से दूर रहने की कोशिश करते हैं।

दरअसल, हज़ारों साल के जैव विकास के दौरान चीते का शरीर इस तरह से विकसित हो गया है जो रफ़्तार के मामले में तो अचूक है, लेकिन इसकी वजह से उसके शरीर में कुछ अन्य कमियाँ भी रह गयी हैं। छोटा सिर उसे जहाँ भागते समय रफ़्तार को तेज़ करने में मदद करता है वहीं इसके चलते उसके जबड़े छोटे होते हैं और उनमें कैनाइन दाँत भी अन्य बड़ी बिल्लियों की तुलना में छोटे–छोटे होते हैं। इसके चलते चीते शिकार को दबोचने में भी उनका बहुत ज़्यादा अचूकता से इस्तेमाल नहीं कर पाते, लेकिन सबसे ज़्यादा ख़ामियाजा उन्हें दौड़ने के दौरान अपने तापमान के बढ़ने का उठाना पड़ता है। माना जाता है कि शिकार को पकड़ने की दौड़ शुरू करते ही चीते के शरीर का तापमान तेज़ी से बढ़ने लगता है। जल्द ही वह 105 डिग्री सेल्सियस के अधिकतम तापमान पर पहुँच जाता है। शरीर के इतना गरम होते ही चीते के शरीर और दिमाग़ को नुक़सान पहुँचने का ख़तरा बनने लगता है। इस गर्मी से चीता बेहोश हो सकता है। इसके चलते चीते को तुरन्त ही अपनी दौड़ बन्द करनी पड़ती है। वह हाँफते हुए अपनी साँसों को समेटता है। कुछ देर तक जल्दी–जल्दी साँस लेने के बाद किसी तरह से उसकी साँसें सामान्य रफ़्तार पर लौटती हैं और उसके शरीर का तापमान भी ठीक होता है।

जबकि, उसकी तुलना में गैजेल हिरनों के शरीर का तापमान ज़्यादा अच्छी तरह से उनकी दौड़ के अनुकूल बना रहता है। गैजेल

हिरनों के मस्तिष्क की ख़ास क़िस्म की बनावट उनके शरीर के तापमान को कम रखने में मदद करती है। इसके चलते वे ज़्यादा दूर तक अपनी रफ़्तार को बनाये रखते हुए भाग सकते हैं। गैजेल हिरन शरीर का तापमान 109 डिग्री सेल्सियस तक पहुँचने तक भी भाग सकता हैं। जबकि, शरीर के इस तापमान तक पहुँचने से पहले ही चीता बेहोश होकर गिर सकता है। इसलिए चीते को अपने शिकार को पकड़ने के लिए सिर्फ़ 17 सेकेंड मिलते हैं। इन 17 सेकेंडों में चूकने पर उन्हें दोबारा शिकार लायक़ अपने शरीर को लाने में और खोई हुई ऊर्जा दोबारा पाने में वक़्त लगता है।

इन कमियों के बावजूद रफ़्तार का अपना महत्त्व है। शेर अपने शिकार को दबोचने के लिए कोशिश करते हैं कि धीरे–धीरे चलते, छुपते और घात लगाते हुए वे उससे लगभग 45 मीटर की दूरी तक पहुँच जायें। अपने शिकार के इतने पास तक पहुँचने के बाद शिकार करने में शेरों के लिए सफलता की गुंजाइश बढ़ जाती है। शिकार के शेरों का पूरा झुण्ड एक–दूसरे की मदद करता है। कुछ शेर तो जानवरों के झुण्ड में भगदड़ मचाने का काम करते हैं तो कुछ उन्हें घेरकर एक ख़ास दिशा तक ले जाने का प्रयास करते हैं। जबकि, कुछ एकदम हमला करने को तैयार बैठे होते हैं। चीता अकेले शिकार करता है। शेर के 45 मीटर तक क़रीब पहुँचने की चेष्टा की तुलना में चीते के लिए 300 मीटर की दूरी भी शिकार के लिए पर्याप्त है। चीते धीरे–धीरे अपने शिकार के क़रीब पहुँचने की कोशिश करते हैं, लेकिन 300 मीटर की दूरी तक पहुँचते ही उनके लिए सफलता की गुंजाइश कई गुना बढ़ जाती है और वे कमान पर चढ़े हुए किसी तीर की तरह अपने शिकार की तरफ़ भाग पड़ते हैं।

चीते और तेंदुए में अन्तर

अक्सर ही लोग चीते और तेंदुए को एक समझ लेते हैं। ख़ास तौर पर भारत जैसे देश गें अक्सर ही तेंदुए को चीता कहकर भी पुकारा जाता है। दरअसल, हुआ यह है कि चीता भारतीय जनमानस में गहराई से बैठा हुआ था, लेकिन पिछले सत्तर सालों में वह भारत से पूरी तरह से ग़ायब हो चुका है। इसलिए तेंदुए को ही ग़लती से लोग चीता पुकार बैठते हैं। जबकि, चीते और तेंदुए में कई मूलभूत अन्तर है। हालाँकि दोनों एक ही ख़ानदान विडाल वंश के दो अलग–अलग प्राणी हैं।

चीतों को घसियाले मैदानों में रहना पसन्द है। जबकि, तेंदुए ख़ूब पेड़–पौधों वाले घने जंगलों में रहना पसन्द करते हैं। शिकार के लिए चीते अपनी रफ़्तार पर ही भरोसा करते हैं। जबकि, तेंदुए की रफ़्तार चीते की तुलना में बहुत कम होती है। तेंदुआ अपने छलावरण के चलते शिकार के ज़्यादा–से–ज़्यादा नज़दीक जाने की कोशिश करता है और घात लगाकर हमला करता है। इसके अलावा, तेंदुआ पेड़ पर चढ़ने में सिद्धहस्त होता है। शिकार को मारने के बाद वह अक्सर ही अपने शिकार को लेकर किसी पेड़ पर चढ़ जाता है और वहाँ पर ही उसे खाता है। पेड़ पर ही वह आराम करता है और अक्सर रात के वक़्त शिकार पर निकलता है। विडाल वंश के सबसे ज़्यादा चालाक और माहिर शिकारियों में तेंदुए को शुमार किया जाता है। उत्तराखण्ड जैसे देश के कई हिस्सों में तेंदुए को गुलदार या बघीरा भी कहते हैं।

देश के कई हिस्सों में तेंदुए मनुष्यों पर हमले के लिए भी सबसे ज़्यादा बदनाम हैं। ख़ासतौर पर औरतों और बच्चों पर इनके हमलों की घटनाओं में लगातार बढ़ोतरी दर्ज की जा रही है। जंगलों में अपना

पर्यावास नष्ट होने के चलते और खाने योग्य जानवरों की कमी के चलते अक्सर ही तेंदुए रात के समय मनुष्यों की बस्तियों में भटकते रहते हैं। सिर्फ़ गाँवों में नहीं, बड़े शहरों में भी इनकी मौजूदगी कई बार दर्ज की जा चुकी है और मनुष्यों पर इनके हमले भी हुए हैं।

तेंदुए की तुलना में चीते आकार में छोटे होते हैं और मनुष्यों पर हमले की प्रवृत्ति इनमें नहीं देखी जाती। इसके अलावा, चीते पेड़ पर चढ़ना भी नहीं जानते हैं। उन्हें अपने शिकार को घसियाले मैदानों में अपनी रफ़्तार से परास्त करके पकड़ना होता है। चीते और तेंदुए को उनके शरीर के पैटर्न से भी अलग से पहचाना जा सकता है। चीते के शरीर पर छोटे–छोटे काले धब्बे या चकत्ते होते हैं। उसके मुँह पर आँख से लेकर नाक तक एक काली धारी बनी होती है। जिसे टियर लाइन या अश्रु रेखा कहा जाता है। उसके सिर का आकार छोटा होता है और शरीर बेहद चुस्त। जबकि, तेंदुए का शरीर चीते की तुलना में भारी और सिर बड़ा होता है। हालाँकि, चीता तेंदुए से ज़्यादा ऊँचा दिखता है।

तेंदुए के शरीर पर पड़े हुए चकत्ते ध्यान से देखने पर पंखुड़ियों के मिलने से बने हुए लगते हैं। उसके मुँह से लेकर आँख तक काली धारी भी नहीं होती। चीता अधिकतम लगभग 113 किलोमीटर प्रति घण्टे की रफ़्तार से भाग सकता है। जबकि, तेंदुए की अधिकतम रफ़्तार 60 किलोमीटर प्रति घण्टे के लगभग की होती है। अपने आकार में तेंदुआ बिल्लियों के ज़्यादा नज़दीक होता है जबकि, चीते का आकार शेरों के ज़्यादा नज़दीक होता है। तेंदुए एकाकी प्राणी होते हैं और मिलन के समय ही नर और मादा तेंदुए कुछ दिनों के लिए साथ रहते हैं। जबकि, तेंदुए की तुलना में चीते ज़्यादा सामाजिक प्राणी होते हैं और कई बार वे दो–दो या तीन–तीन के झुण्ड में शिकार करना भी पसन्द करते हैं। तेंदुए के दाँत बड़े और मज़बूत होते हैं, जिनसे वह बड़ी हड्डियों को भी तोड़ सकता है। जबकि, चीते के दाँत छोटे होते हैं और उसके जबड़ों में इतनी ताक़त भी नहीं होती कि वह बड़ी हड्डियों को तोड़ सके। तेंदुए शिकार करने के बाद अपने शिकार को लेकर पेड़ पर चढ़ जाते हैं और शिकार को पेड़ पर बैठकर ही खाना

Cheetah Leopard

पसन्द करते हैं। बचे हुए शिकार को बाद में खाने के लिए वे पेड़ की ऊँची डालियों में ही छिपा देते हैं। जबकि, चीतों का पेड़ों के साथ इस तरह का कोई रिश्ता नहीं होता है।

इन ख़ासियतों के आधार पर चीते और तेंदुए को दूर से ही पहचाना जा सकता है।

भारतीय चीते के रिश्तेदार

चीतों की दोनों प्रजातियों यानी अफ्रीकी और एशियाई चीतों के बारे में पहले यह माना जाता था कि इन्हें अलग हुए ज़्यादा समय नहीं हुआ है। विशेषज्ञ मानते थे कि लगभग पाँच हज़ार साल पहले ही ये दोनों प्रजातियाँ अलग हुई हैं। इसलिए इनके मूल जेनेटिक कोड एक जैसे ही हैं, लेकिन, बाद में लगातार हुए शोध, जंगलों में पाये जाने वाले चीतों के व्यवहार, चिड़ियाघरों में रहने वाले चीतों पर हुए अध्ययनों से अब विशेषज्ञ मानते हैं कि अफ्रीकी चीतों से एशियाई चीतों को अलग हुए 32 हज़ार से 67 हज़ार साल हो चुके हैं। इसलिए, चीतों की इन दोनों प्रजातियों के मूल जेनेटिक कोड में भी कुछ बदलाव आ चुके हैं। अपने पर्यावास में जीने और बचे रहने के लिए दोनों ही प्रजातियों ने अपने व्यवहार और शारीरिक विशेषताओं में भी परिवर्तन कर लिया है। जिससे वे अपने माहौल के ज़्यादा अनुकूल बन गये हैं।

एशियाई चीतों की अब बची हुई कुल आबादी ईरान में ही बची हुई है। इसलिए अफ्रीकी और एशियाई चीतों के बीच का अन्तर भी इसी आधार पर जाना जा सकता है। चूँकि, भारत में पाये जाने वाले चीते एशियाई प्रजाति के थे, इसलिए ईरानी चीते के साथ उनकी साम्यता समझी जा सकती है।

अफ्रीकी प्रजाति के चीते अपने एशियाई रिश्तेदारों से ज़्यादा भारी और मज़बूत होते हैं। इनके चुस्त शरीर पर इनकी खाल मढ़ी हुई सी लगती है। जबकि, ईरानी चीतों की खाल पर बालों की तादाद कुछ ज़्यादा होती है। ख़ासतौर पर सर्दियों के मौसम में एशियाई चीतों की पीठ और पेट पर समूर जैसे बाल उग आते हैं। जो उन्हें

भयंकर सर्दियों से बचाते हैं। चूँकि, अफ्रीका के चीतों का ज़्यादातर समय गर्मियों में बीतता है, इसलिए उन्हें अपने शरीर पर इस तरह के समूर की ज़रूरत नहीं होती। इसके अलावा, अफ्रीकी चीते का रंग भी एशियाई चीतों की तुलना में ज़्यादा गाढ़ा होता है। इसे मुँह से आँख तक जाने वाली दोनों काली धारियों के गाढ़ेपन के अन्तर से भी पहचाना जा सकता है।

कैसे लुप्त हो गया भारतीय चीता

वन्य जीवों के संरक्षण के मामले में भारत की गिनती अच्छे उदाहरण प्रस्तुत करने वाले देशों में की जा सकती है। भारत में ऐसे जानवरों की संख्या कम है जो पूरी तरह से लुप्त हो गये हैं। इसके बावजूद, कभी भारत में बहुतायत से पाये जाने वाले चीते आज पूरी तरह से लुप्त हो गये। माना जाता है कि अन्तिम तीन चीतों का शिकार वर्तमान छत्तीसगढ़ में पड़ने वाली कोरिया स्टेट में राजा सरगुजा ने 1947 में किया था। ज़मीन पर ढेर किये गये तीन चीतों के साथ राजा सरगुजा की फ़ोटो भी मौजूद है। उनके हाथ में बन्दूक भी है। इन्हीं को भारत का अन्तिम चीता माना जाता है।

हालाँकि, 1951 में भी एक मादा चीते को छत्तीसगढ़ के कोरिया स्टेट में देखे जाने का उल्लेख किया जाता है। एक अन्य जगह पर 1968 में भी एक चीते को देखे जाने की बात कही गयी है। हालाँकि, इसकी व्यापक रूप से पुष्टि नहीं की जा सकी है।

इसलिए आमतौर पर यही माना जाता है कि भारत के अन्तिम तीन चीते राजा सरगुजा की शिकार वृत्ति की भेंट चढ़ गये। इसके बाद उन्हें दौड़ते और शिकार करते हुए नहीं देखा गया। निश्चित तौर पर भारतीय वन्य जीवन के इतिहास में वह एक काला दिन रहा होगा। जब एक प्रजाति भारत की ज़मीन से समाप्त हो गयी। इसी तरह से, मध्य एशिया के देशों में भी चीते बेहद तेज़ी के साथ समाप्त हो गये। माना जाता है कि उज़्बेकिस्तान में 1983 में अन्तिम बार चीते को देखा गया। जबकि, तुर्कमेनिस्तान में अन्तिम चीता नवम्बर 1984 में दिखा। इसके बाद से इन देशों में भी चीता नहीं देखा गया। इससे

यह माना जाता है कि यहाँ भी चीतों की आबादी समाप्त हो चुकी है। अब इनकी आबादी सिर्फ़ ईरान में ही बची हुई मानी जाती है।

एक ज़माने में एशियाई चीते अरब प्रायद्वीप से लेकर ईरान, मध्य एशिया, अफ़ग़ानिस्तान, पाकिस्तान और भारत में पाये जाते थे। टर्की में इनकी आबादी उन्नीसवीं शताब्दी में ही समाप्त हो गयी थी।

भारत में चीते राजस्थान से लेकर पंजाब, सिन्ध, गंगा के किनारों से लेकर बंगाल तक, दक्कन के पठारों तक, बिहार और उत्तर प्रदेश और गुजरात और मध्य भारत तक में पाये जाते थे। वे आमतौर पर काला मृग, चिंकारा, नीलगाय जैसे एंटीलोप का शिकार करते थे।

जबकि, राजा–महाराजाओं द्वारा शिकार को घेरने के लिए चीतों का बड़े पैमाने पर प्रयोग किया जाता था। शिकार के लिए इन्हें पाल–पोसकर बड़ा किया जाता था और शिकार का प्रशिक्षण दिया जाता था। कहा जाता है कि अकबर की अलग–अलग शिकारगाह में एक हज़ार तक प्रशिक्षित चीते थे। हालाँकि, कुछ विशेषज्ञ इस संख्या को बहुत ज़्यादा बढ़ा–चढ़ाकर बताया हुआ मानते हैं क्योंकि, चीतों की इतनी बड़ी संख्या को पालने के लिए जिस बड़े पैमाने पर उनके रहने के बाड़ों और उन्हें खिलाने के लिए मांस की ज़रूरत पड़ती, उसके बारे में उल्लेख कम ही मिल पाया है। हालाँकि, इस तरह की पेंटिंग्स ज़रूर हैं जिनमें अकबर बादशाह को शिकार के लिए जाते हुए दिखाया गया है और उनके अमले में चीते भी शामिल हैं। विशेषज्ञों का मानना है कि मध्यकाल से ही मध्य एशिया, ईरान और अरब के बादशाहों में चीते को पालतू बनाने का चलन था। वे एक–दूसरे को चीते उपहार में भी दिया करते थे। जब भारत में भी मुग़ल सत्ता स्थापित हो गयी तो बादशाहों ने यहाँ भी चीतों को पालना और शिकार में उनका प्रयोग करना शुरू किया है।

विशेषज्ञों का एक मत यह भी है कि 20वीं सदी के शुरुआती हिस्सों में ही जंगल में चीतों का दिखायी पड़ना कम हो चुका था। जबकि, 1918 से 1945 के बीच कुछ राजाओं–नवाबों में अफ़्रीका से चीता मँगाकर उन्हें शिकार में इस्तेमाल करने का चलन भी था। भारत में चीतों के लुप्त होने के मुख्य कारणों में इन्हें शामिल किया जा सकता है।

पर्यावास का तेज़ी से नष्ट होना

चीते एक ख़ास क़िस्म के प्राकृतिक आवास में रहना पसन्द करते हैं। उन्हें शिकार के लिए लम्बे घसियाले मैदान पसन्द हैं। जहाँ पर वे अपने शिकार को अपनी रफ़्तार से मात देकर दबोच सकें। उन्हें पहाड़ी और घने जंगलों वाला भू–भाग ख़ास पसन्द नहीं। ख़ुश्क जलवायु वाले हिस्सों में भी उनका प्रमुखता से वास रहा है, लेकिन समय के साथ–साथ मैदानों को खेती के लिए ज़्यादा–से–ज़्यादा इस्तेमाल किया जाने लगा। इसके चलते उन घसियाले मैदानों का ख़ात्मा हो गया जिनमें चीते रहते थे। इसके चलते चीतों के लिए बचे रहने और फलने–फूलने के मौक़े कम हो गये। इससे उनकी आबादी को ख़ासा नुक़सान हुआ।

शिकार के लिए चीतों का प्रयोग

शिकार के लिए चीतों का बड़े पैमाने पर प्रयोग किया गया। इसके लिए इन्हें छुटपन से ही पालकर पालतू बना लिया जाता। इससे इनकी जंगलों की आदतें काफ़ी हद तक ख़त्म हो जातीं। इसके अलावा जंगलों में रहने वाले चीतों का शिकार भी राजा–महाराजा करते थे। ऐसे चीतों को मारने के बाद उनकी खाल सजाने का चलन भी रजवाड़ों में था। इसके चलते भी बड़े पैमाने पर चीतों को मारा जाता था। जबकि, चीतों को लड़वाकर मनोरंजन करने के तरीक़ों ने भी चीतों की तादाद पर आघात किया। मुग़ल शासन के समाप्त होने और अंग्रेज़ों का शासन स्थापित होने के साथ ही चीतों के साथ किये जाने वाले बर्ताव में भी अन्तर आया। मुग़ल बादशाह जहाँ चीते को साथ लेकर शिकार करना पसन्द करते थे वहीं अंग्रेज़ों की शिकार की आदतों में कुछ अन्तर भी था। वे अपने घोड़ों पर सवार होकर चीतों को खदेड़ना और उनका शिकार करना पसन्द करते थे। इसके चलते चीतों की संख्या में तेज़ी से कमी आनी शुरू हो गयी।

चीता माँ नहीं दे पायी अपने बच्चे को शिकार का प्रशिक्षण

ऐसे उदाहरण कम ही हैं कि जिन पशुओं को मनुष्य ने अपना पालतू बना लिया हो, उनकी पूरी की पूरी आबादी ही लुप्त हो जाये, लेकिन चीते के मामले में ऐसा ही देखने को मिलता है। आमतौर पर आदमी पालतू बनाने के बाद उनसे होने वाले लाभों के चलते उनके खान–पान और उनकी आबादी बढ़ती रहे, इसका भी ख़याल रखते हैं। जैसे कुत्ते हमारे साथ कई सदियों से पालतू की तरह रह रहे हैं। पर चीते के मामले में ऐसा नहीं हो सका। दरअसल, चीते की माँ अपने बच्चे को लगभग डेढ़–दो साल तक अपने साथ रखकर उसे शिकार के हुनर सिखाती है। तब कहीं चीते के अन्दर वह रफ़्तार और क़ाबिलियत आ पाती है कि वह गोली की तरह भागकर अपने शिकार पर झपट पड़ता है, लेकिन पालनगृहों में पले–बढ़े चीतों और उनके वंशजों को यह प्रशिक्षण नहीं मिल पाया होगा। इसके चलते वे जंगल के जीवन के हिसाब से उतना मुस्तैद नहीं रह गये होंगे, जितना कि उनके पूर्वज हुआ करते थे। इसके अलावा यह भी माना जाता है कि पालतू बनाये जाने के दौरान चीते अपने जोड़ीदार के साथ मिलन में भी ख़ास रुचि नहीं लेते। इसके चलते भी उनकी नयी पीढ़ियों के पैदा होने की तादाद सीमित हो जाती है। मध्य एशिया के चीतों के ख़त्म हो जाने के पीछे भी बिना नियन्त्रण वाले शिकार, घसियाले मैदानों को खेत के मैदानों में बदलने और जाड़े के लम्बे मौसमों को ज़िम्मेदार माना जाता है।

भारत में था विडालों का पूरा कुनबा

घरेलू बिल्लियों से कुछ लोग बेहद प्यार करते हैं। जबकि, कुछ लोग उनकी अवारा तबीयत और घर में जब–तब घुसकर दूध पी जाने के चलते उनसे तंग भी रहते हैं, लेकिन ज़्यादातर लोग बिल्लियों के रोने की आवाज़ सुनकर किसी अपशगुन की आशंका से काँपने लगते हैं। जबकि, उनके लड़ने की आवाज़ सुनकर रोंगटे खड़े हो जाते हैं। जब दो बिल्ले अपने बालों को खड़े करके एक–दूसरे को पंजे मारने की कोशिश करते हैं तो अच्छे–अच्छों का कलेजा काँप जाता है। इसी तरह से, रास्ता काटकर किसी का भी काम बिगाड़ देने के लिए भी बिल्लियाँ कम बदनाम नहीं हैं। बिल्लियों से जुड़े क़िस्से तमाम हैं।

लेकिन, क्या आप जानते हैं कि हमारे घरों के आसपास यूँ मँडराने वाली बिल्लियों का एक भरा–पूरा ख़ानदान है। दुनिया में इसे कैट फ़ैमिली या विडाल वंश कहा जाता है। अपने वजन और आकार में बाघ सबसे बड़ी बिल्ली है तो घरों में इधर–उधर मँडराने वाली घरेलू बिल्ली सबसे छोटी बिल्ली है। बाघ और घरेलू बिल्ली के बीच में शेर, जगुआर, प्यूमा, तेंदुआ, चीता जैसे कई बिल्ले हैं, जो दुनिया के अलग–अलग हिस्सों में पाये जाते हैं।

शेर और बाघ को पूरी दुनिया में ही शक्ति और सौन्दर्य का प्रतीक माना जाता है। इसके चलते इन बड़ी बिल्लियों को लोग ख़ासी उत्सुकता और आश्चर्य से देखते हैं। भारत दुनिया का अकेला ऐसा अनोखा देश हैं जहाँ पर बाघ और शेर दोनों पाये जाते हैं। गिर के जंगलों में एशियाई शेरों की अन्तिम आबादी फल–फूल रही है। जबकि, भारत के अलग–अलग हिस्सों में बसे जंगलों में तीन हज़ार के लगभग बाघ

लगातार अपनी बादशाहत क़ायम किये हुए हैं। भारत का वन्यजीवन एक और कारण से ख़ास है कि यहाँ पर बिल्लियों की सबसे ज़्यादा प्रजातियाँ पायी जाती हैं। बाघ और शेर के अलावा भारत में तीन तरह के तेंदुए पाये जाते हैं। सामान्य तेंदुआ तो देश के कई हिस्सों में वास करता है जबकि, पूर्वोत्तर के कुछ घने जंगलों में बादली तेंदुआ या क्लाउडेड लेपर्ड वास करता है। इसके शरीर पर पड़े चकत्ते बादलों के आकार जैसे दिखायी पड़ते हैं, इसके चलते ही इन्हें यह नाम मिला है। तेंदुए की इस प्रजाति का पता हाल ही में चला है और विशेषज्ञ लगातार इनके बारे गें ज़्यादा–से–ज़्यादा जानकारी जुटाने में लगे हुए हैं।

जबकि, हिमालय के ऊपरी हिस्सों में एक किस्म का तेंदुआ रहता है। इसे स्नो लेपर्ड या हिम तेंदुआ कहते हैं। जाड़े को झेलने वाले खूब मोटी फरों वाले इस तेंदुए ने ख़ुद को ऐसे हिस्से में रहने के अनुकूल बना लिया है जहाँ साल के पूरे वर्ष बर्फ रहती है। तेंदुए एकाकी और रहस्यमयी जीवन जीना पसन्द करते हैं। इसके चलते हिम तेंदुए और उनके सामाजिक जीवन के बारे में ज़्यादा–से–ज़्यादा जानकारी जुटाने का प्रयास विशेषज्ञ कर रहे हैं। इसके अलावा, पश्चिमी घाट के जंगलों में काले तेंदुए के देखे जाने का उल्लेख किया गया है। हालाँकि, इन्हें सफ़ेद बाघों की तरह ही मूल नस्ल का ही जंगली जानवर माना जाता है।

इस तरह से देखें तो विडाल वंश के बड़े किरदारों में से केवल चीता ही एक ऐसा जानवर है, जिसे हमारे वन्य जीवन ने खो दिया। बाक़ी बाघ, शेर, तीनों क़िस्म के तेंदुए अपने–अपने पर्यावासों में फल–फूल रहे हैं। कुल मिलाकर भारत में छोटी और बड़ी बिल्लियों की 15 प्रजातियाँ अभी भी मौजूद हैं। इसमें पाँच बड़ी बिल्लियों के अलावा भारत में सबसे ज़्यादा दिखने वाली गोल्डेन कैट, मार्बल कैट, लेपर्ड कैट, जंगल कैट, डिजर्ट कैट, पालास कैट, फ़िशिंग कैट, रस्टी स्पाटेड कैट, काराकल और लिंक्स शामिल हैं।

बड़ी बिल्लियों का पूरा ख़ानदान

बिल्ली मौसी के बड़े रिश्तेदार जंगलों में रहते हैं। सूखी ज़मीन के सबसे बड़े शिकारियों में इन्हीं बड़े बिल्लों का नाम है। इसलिए जंगल के जीवन के लिए ये सबसे ज़्यादा महत्त्वपूर्ण माने जाते हैं। माना जाता है कि लगभग ढाई करोड़ साल (25 मिलियन साल) पहले इस तरह के पहले शिकारी जानवर का विकास हुआ। बिल्ली मौसी के इन बड़े रिश्तेदारों में मुख्यतः आठ जानवरों को शामिल किया जाता है।

हालाँकि, कुछ विशेषज्ञ बड़ी बिल्लियों में उन चार जानवरों को ही शामिल करते हैं जो दहाड़ सकते हैं। शेर, बाघ, जगुआर और तेंदुआ ऐसे जानवर हैं, जो कि अपने गले से एक ख़ास क़िस्म की गुर्राहट निकालते हैं, जिसे दहाड़ कहा जाता है। गले से निकलती यह गूँजती हुई सी आवाज़ किसी के भी ख़ून को जमा देने और रोंगटे खड़े कर देने के लिए काफ़ी होती है। दहाड़ की इन विशेषताओं के चलते इन चार बड़े जानवरों को बड़ी बिल्ली यानी बिग कैट में शामिल किया जाता है। दूसरी ओर, कुछ अन्य विशेषज्ञ शिकार की उनकी योग्यता व अन्य विशेषताओं के चलते चार अन्य जानवरों हिम तेंदुआ, बादली तेंदुआ, प्यूमा या कूगर और चीता को भी बिग कैट की सूची में शामिल करते हैं। बिग कैट की एक ख़ास बात यह भी है कि जीवित रहने के लिए ये मुख्यतः मांस पर ही निर्भर रहते हैं। मांस या शिकार के बिना ये जीवित नहीं रह सकते। इसलिए इन्हें ही असली मांसाहारी जानवर कहा जा सकता है। कहावत भी है कि शेर कभी घास नहीं खाता। यानी मांस नहीं मिलने पर या शिकार नहीं कर पाने पर इनकी मौत तो हो सकती है, लेकिन वे शाकाहार

ग्रहण नहीं कर सकते। शाकाहार इनके आहार की सूची में शामिल नहीं है।

विडाल वंश के ये जानवर शिकार करने में माहिर होते हैं और घात लगाकर या फिर अपनी रफ़्तार से परास्त करके चरने वाले ज़ानवरों का शिकार करते हैं। शिकार को मारने के लिए बड़ी बिल्लियाँ उसकी गर्दन पर अपने जबड़ों से पकड़ बनाती हैं और आमतौर पर अपने बड़े–बड़े नुकीले कैनाइन दाँतों से जानवरों के श्वास की नली को तोड़ देती है या पंक्चर कर देती हैं। इससे शिकार का दम घुट जाता है और वह मर जाता है। कैनाइन दाँतों से शिकार की गर्दन पर बनाई गयी इनकी पकड़ इतनी मज़बूत होती है कि एक बार इस शिकंजे में फँसने के बाद शिकार की जान बचने की कोई सूरत बचती नहीं।

बड़ी बिल्लियों के प्यूमा और जगुआर जैसे सदस्य केवल अमेरिकी महाद्वीप में ही पाये जाते हैं। जबकि, बाक़ी छह बड़ी बिल्लियाँ दुनिया के अन्य देशों में पायी जाती हैं। ख़ास बात यह है कि यह छहों बड़ी बिल्लियाँ भारत के अलग–अलग हिस्सों में कभी पायी जाती थीं। हालाँकि, चीते के विलुप्त होने से अब इनकी संख्या पाँच ही रह गयी है।

प्यूमा या कूगर

बड़ी बिल्लियों के परिवार का यह सदस्य अमेरिकी महाद्वीप में निवास करता है। इसे कई अलग–अलग नामों से जाना जाता है। कहीं पर इसे माउंटेन लायन यानी पहाड़ी शेर कहते हैं तो कहीं पर प्यूमा, कूगर या कैटामाउंट कहा जाता है। प्यूमा अमेरिका के जंगलों में चोटी के शिकारी ज़ानवर हैं। ये भोजन श्रृंखला में सबसे ऊपर मौजूद हैं। इसलिए ये अपने पर्यावास के शाकाहारी जानवरों की तादाद को नियन्त्रित करने की महत्त्वपूर्ण भूमिका निभाते हैं। खाने के मामले में विविधताओं को अपनाने से प्यूमा परहेज़ नहीं करता। छोटे कीड़ों से लेकर हिरनों की कई प्रजातियाँ और 500 किलोग्राम तक के शाकाहारी जानवर भी उसकी आहार सूची में शामिल हैं।

अपनी चुस्त बनावट और गठे हुए शरीर के चलते इसकी ख़ूबसूरती देखते ही बनती हैं। ख़ासतौर पर खेल का सामान बनाने वाली कंपनियाँ अपने ब्रांड के तौर पर प्यूमा की तस्वीर या उसके शारीरिक आकार को प्रचारित करती हैं और ये ब्रांड दुनिया में ख़ासे लोकप्रिय माने जाते हैं।

कूगर के बारे में एक रोचक तथ्य यह है कि यह ऐसा जानवर है जिसे सबसे ज़्यादा नामों से पुकारा जाता है। केवल अंग्रेज़ी भाषा में ही इसे 40 अलग–अलग नामों से जाना जाता है। इसमें माउंटेन लायन, कैट।माउंट, घोस्ट कैट, शैडो कैट, पैंथर, माउंटेन स्क्रीमर आदि सबसे ज़्यादा प्रचलित नाम हैं। इतने ज़्यादा नाम प्रचलित होने के पीछे एक बड़ी वजह विस्तृत भौगोलिक हिस्से में इसका फैलाव है। यह एक बड़े विस्तृत भू–भाग में पाया जाता है। जिसके चलते इसे अलग–अलग जगहों पर भिन्न–भिन्न नामों से जाना जाता है।

शिकार करने के लिए कूगर घात लगाने पर भरोसा करते हैं। शिकार के पास आते ही वे अपनी ख़तरनाक छलाँग लगाते हैं। एक बार में वे लगभग 15 फिट तक की छलाँग लगाकर शिकार को शिकंजे में जकड़ लेते हैं। पर अगर ऊँचाई से नीचे छलाँग लगाने की बात हो तो वे एक बार में लगभग 40 फिट तक की दूरी भी नाप लेते हैं। आमतौर पर हिरनों व अन्य खुर वाले जानवरों का शिकार करने

वाले कूगर भोजन की कमी होने की स्थिति में छोटे कीड़े–मकोड़ों को खाने से भी परहेज़ नहीं करते हैं।

जगुआर

विडाल परिवार के सबसे रहस्यमय और शक्तिशाली जानवरों में जगुआर का नाम शुमार किया जाता है। शरीर पर बने हुए फूलदार धब्बों के चलते यह देखने में किसी तेंदुए जैसा ही लगता है। शारीरिक बनावट में भी इसकी समानता तेंदुए से ज़्यादा होती है। लेकिन, अपने शिकार करने के तरीक़े और रहन–सहन में यह किसी बाघ के ज़्यादा क़रीब माना जाता है। अमेरिकी महाद्वीप में पाया जाने वाला जगुआर बाघों की तरह ही रहस्यमयी और एकान्तप्रिय जानवर होता है। बिल्लियों को आमतौर पर पानी से डर लगता है और वे पानी से दूर ही रहना पसन्द करती हैं, लेकिन बाघों को पानी पसन्द है। वे नदी और तालाबों में ख़ुद को डुबाये रखना पसन्द करते हैं। जगुआर को भी पानी पसन्द है और वह तैरते हुए व पानी में कूदकर शिकार करना भी पसन्द करता है।

विडाल परिवार में जगुआर बाघ और शेर के बाद सबसे ज़्यादा शक्तिशाली और डील–डौल वाले जानवर होते हैं। जबकि, जबड़ों की ताक़त के हिसाब से देखा जाये तो इसका कोई सानी नहीं है। जगुआर अपने पर्यावास में मिलने वाले जीवों को अपने आहार में

शामिल करने के मामले में बेहद लचीले होते हैं। माना जाता है कि लगभग 87 प्रजातियों के जीव ऐसे हैं जो जगुआर की आहार सूची में शामिल हैं, लेकिन इनमें सबसे ज़्यादा ख़ास है मज़बूत कवच वाले सरीसृप जीवों का शिकार करना। जगुआर अपने पर्यावास में पाये जाने वाले ख़ास तरह के मगरमच्छ कैमेन और बड़े कछुओं के खोल को भी अपने मज़बूत कैनाइन दाँतों से तोड़ डालते हैं और उनको अपना शिकार बना लेते हैं। मगरमच्छों का शिकार यूँ तो शेरों के झुण्ड भी कई बार कर लेते हैं, लेकिन जितनी फुर्ती और सहजता से जगुआर इनका शिकार करता है, वैसा बिरले ही सम्भव होता है। बाघों की तरह ही जगुआर को घने जंगल और पानी वाली जगहें पसन्द होती हैं। दक्षिण अमेरिका और मध्य अमेरिका के घने जंगलों में इनका पर्यावास है। वन्य जीव वैज्ञानिकों ने इस तरह की घटनाएँ भी नोट की हैं कि जगुआर अपनी पूँछ को पानी में डुबोकर मछलियों को आकर्षित करते हैं। मछलियों के पूँछ के क़रीब आते ही वे उनका शिकार कर लेते हैं। पानी के साथ उनके बराबर की सहजता कम ही बड़ी बिल्लियों की है।

जगुआर एक और ख़ासियत के चलते भी ख़ासे ख्याति प्राप्त हैं। कुछ ख़ास आनुवांशिक गड़बड़ियों के चलते जगुआर में मेलेनिस्टिक होने की प्रवृत्ति होती है। इसमें जगुआर का पूरा शरीर काले रंग का हो जाता है। हालाँकि, कई मामलों में काले रंग के बावजूद उसके शरीर पर मौजूद फूलदार धब्बे पहचाने जा सकते हैं, लेकिन मेलेनिस्टिक जगुआर अपने काले चमकीले रंग के चलते घने जंगलों के बीच और भी ज़्यादा रहस्यमयी प्रतीत होते हैं। हालाँकि, पर्यावास के सिकुड़ने के चलते अब जंगलों में 15 हज़ार से भी कम जगुआर के बचे होने का अनुमान किया जाता है।

तेंदुआ या गुलदार

तेंदुआ बिल्ली परिवार का एक और शानदार सदस्य है। अपने आकार में यह किसी घरेलू बिल्ली के बड़े रूप जैसा लगता है। जबकि, इसके शरीर पर फूलदार धब्बे बने होते हैं। यहाँ तक कि भारत के

उत्तराखण्ड जैसे हिस्सों में शायद इसके फूलदार धब्बों की वजह से ही गुलदार नाम से भी जाना जाता है। तेंदुए भारत के कई अलग–अलग जंगलों में पाये जाते हैं। बिल्ली परिवार के सबसे ज़्यादा चालाक और मौक़ापरस्त जानवरों में इनका नाम शुमार किया जाता है।

अपने अस्तित्व को बचाने के लिए जहाँ आमतौर पर बड़े शिकारी जानवर इन्सानी बस्तियों से दूर रहना ही पसन्द करते हैं, वहीं तेंदुए इन्सानी बस्तियों के आसपास मँडराने के लिए बदनाम हैं। जंगलों में पर्यावास के उजड़ने और शिकार की कमी के चलते वे इन्सानी बस्तियों के आसपास घूमते रहते हैं। इसके चलते इन्सानों के साथ इनके टकराव की घटनाएँ भी लगातार होती हैं। कई हिस्सों में तेंदुओं के आदमख़ोर होने की घटनाएँ भी लगातार सामने आती रही हैं। आदमख़ोर तेंदुए ख़ास तौर पर बच्चों और महिलाओं को अपना निशाना बनाते हैं। जबकि, इन्सानी बस्तियों में मँडराने के पीछे अवारा कुत्तों का शिकार करना उनका मुख्य मक़सद रहता है। पर इसके चलते इन्सानों के प्रति उनका डर लगातार कम हो जाता है और अक्सर ही वे इन्सानों पर भी हमला बोल देते हैं। तेंदुए के साथ मानवों के टकराव की सबसे ज़्यादा घटनाएँ इसी वजह से होती हैं।

दुनिया भर में तेंदुए की नौ उप–प्रजातियाँ पायी जाती हैं। हालाँकि, उनमें से अधिकतर विलुप्त होने की कगार पर पहुँच चुकी हैं। इनमें से जावा द्वीप पर पाये जाने वाले तेंदुए की तादाद घटकर

सिर्फ़ 250 के लगभग रह गयी है, जबकि जंगलों में सिर्फ़ बीस अमूर तेंदुए बचे होने का अनुमान किया जाता है।

हिम तेंदुआ या स्नो लेपर्ड

उच्च हिमालयी क्षेत्रों में पाया जाने वाला हिम तेंदुआ बिल्ली परिवार का अनोखा सदस्य है। घनी फर वाली इसकी खाल इसे हिमालय की ठण्डी हवाओं से बचाती है। लम्बी झबरीली पूँछ से ये अपने पूरे शरीर को सन्तुलित करते हैं। शरीर पर पड़ने वाले फूलदार धब्बे काफ़ी कुछ सफ़ेदी लिए हुए होते हैं, जिसके चलते बर्फ़ीली जगहों पर भी इनका शानदार छलावरण तैयार होता है। भारत में जम्मू–कश्मीर, हिमाचल प्रदेश, उत्तराखण्ड, सिक्किम और अरुणाचल प्रदेश के उच्च हिमालयी क्षेत्रों में हिम तेंदुएँ अपना बसेरा बनाते हैं। इसके अलावा अफ़ग़ानिस्तान और पाकिस्तान में भी इनकी संख्या है। हालाँकि, पर्यावासों के लगातार सिकुड़ने के चलते हिम तेंदुओं की संख्या में कमी आयी है। उच्च हिमालयी जंगलों में अब इनकी संख्या चार हज़ार से लेकर आठ हज़ार तक के बीच होने का अनुमान किया जाता है।

हालाँकि, बेहद शर्मीले स्वभाव वाले इन हिम तेंदुओं के जीवन के कई रहस्यों का ख़ुलासा होना अभी बाक़ी है।

हिम तेंदुए के पिछले पैरों की तुलना में अगले पैर थोड़ा छोटे होते हैं। इसके चलते उन्हें अपने शरीर को सन्तुलित करने में मदद मिलती है। जबकि इसी ख़ासियत के चलते वे अपनी लम्बाई के सात गुना तक की छलाँग लगा लेते हैं। जो कि पहाड़ों के बीच जीवित बचे रहने और शिकार करने के लिए एक अतिरिक्त योग्यता जैसी साबित होती है। हिम तेंदुए का वजन आमतौर पर तीस से साठ किलो के बीच होता है, लेकिन यह अपने से तीन गुना तक भारी जानवरों का शिकार करने की क़ाबिलियत रखता है। हिम तेंदुए एक रात में ही लम्बी–लम्बी दूरी तय करने के लिए भी जाने जाते हैं। इससे उन्हें अपने शिकार की तलाश में दूर–दूर तक जाने में मदद मिलती है।

बादली तेंदुआ या क्लाउडेड लेपर्ड

बिल्ली परिवार का यह अलग ही सदस्य होता है। क्लाउडेड लेपर्ड को छोटी बिल्ली और बिग कैट के बीच की एक कड़ी के तौर पर स्वीकार किया जाता है। बादली तेंदुओं के शरीर पर बनने वाले धब्बे अन्य तेंदुओं की तरह फूलदार नहीं होते। बल्कि, वे चौड़े–चौड़े किसी बादल जैसे धब्बे होते हैं। इसी के चलते इन्हें बादली तेंदुआ कहा

जाता है। हिमालय की तराई वाले हिस्सों में इनकी तादाद पायी जाती है। भारत के अलावा नेपाल, म्यांमार, भूटान, थाईलैंड, मलेशिया और चीन के कुछ हिस्सों में बादली तेंदुए पाये जाते हैं। भारत में इनकी ज़्यादातर आबादी असम, उत्तरी पश्चिम बंगाल, सिक्किम, अरुणाचल प्रदेश, मनिपुर, मेघालय, मिजोरम, नगालैंड और त्रिपुरा में पायी जाती है। एक समय में यह माना जाता था कि नेपाल और भारत के कई हिस्सों से बादली तेंदुए विलुप्त हो चुके हैं। हालाँकि, बाद में इनकी कुछ संख्या खोज निकाली गयी। फ़िलहाल माना जाता है कि जंगलों में बादली तेंदुओं की आबादी दस हज़ार के लगभग है। यह आबादी भारत व दुनिया के अन्य देशों के जंगलों में रहती है। बादली तेंदुए भी अपने तेंदुआ रिश्तेदारों की तरह पेड़ पर रहना पसन्द करते हैं।

टाइगर या बाघ

बड़ी बिल्लियों के परिवार का सबसे बड़ा सदस्य टाइगर या बाघ होता है। भारत के जंगलों का असली राजा तो बाघ है। भारत के कई हिस्सों में बाघों की आबादी पायी जाती है। इसके चलते बाघों के संरक्षण के लिए दुनिया भर में चलाये जाने वाले अभियानों में भारत की भूमिका बेहद अहम मानी जाती है क्योंकि दुनिया में बाघों की सबसे बड़ी आबादी भारत में ही रहती है।

दुनिया में मुख्यतः बाघों की तीन अलग–अलग प्रजातियाँ पायी जाती हैं। इनमें भारत में पाये जाने वाले रायल बंगाल टाइगर की आबादी सबसे ज़्यादा है। जबकि, रूस के साइबेरिया इलाक़े और चीन के बर्फ़ीले हिस्सों में पाये जाने वाले साईबेरियन टाइगर अपने आकार में सबसे ज़्यादा बड़े और रोबीले होते हैं। इसके अलावा, सुमात्रन टाइगर आकार में छोटे होते हैं। भारत और बांग्लादेश की सीमाओं में बसे डेल्टा प्रदेश सुन्दरवन के बाघों को सबसे रहस्यमयी बिल्लियों में शुमार किया जाता है। समुद्री मैंग्रोव के जंगलों वाले सुन्दरवन के बाघ अपने आदमख़ोर स्वभाव के चलते किसी की भी हड्डियों में सिहरन पैदा कर देते हैं। हालाँकि, यहाँ के सभी बाघों को नरभक्षी नहीं कहा जा सकता, लेकिन विशेषज्ञों का मानना है कि यहाँ

के बाघों में नरभक्षी होने की प्रवृत्ति अन्य जगहों के बाघों की तुलना में ज़्यादा पायी जाती है। सुन्दरवन के जंगलों से शहद एकत्र करने वाले अक्सर ही इन बाघों का शिकार बन जाते हैं।

चीता

बिल्ली परिवार का यह सदस्य अपने आप में कई अनोखे गुणों को समेटे हुए है। चीता बेहद चुस्त और फुर्तीला जानवर होता है। अपने हल्के–फुल्के आकार और ख़ास तरह की शारीरिक बनावट के चलते

यह धरती पर दौड़ लगाने वाला सबसे तेज़ जानवर है। बिल्ली परिवार के अन्य सदस्य जहाँ शिकार करने के लिए अपने छलावरण और घात लगाने पर भरोसा करते हैं, वहीं चीता अपनी रफ़्तार पर भरोसा करता है। यह अपने शिकार को दौड़ाकर, उसे अपनी रफ़्तार से हराकर दबोच लेता है। हल्की–फुल्की शारीरिक बनावट के चलते चीते के आदमख़ोर होने या इन्सानों पर हमला करने की घटनाएँ भी नहीं के बराबर होती हैं। यहाँ तक कि इन्सान द्वारा पाले जाने वाले पशुओं पर भी चीते का हमला नहीं के बराबर ही होता है।

दुनिया में चीते की दो प्रजातियाँ पायी जाती है। इनमें से पहली तो अफ्रीकन चीतों की है। जो अफ्रीका के कई अलग–अलग देशों में पायी जाती है। दूसरी प्रजाति एशियाई चीतों की है। कभी यह भारत के कई हिस्सों में बहुतायत से पायी जाती थी, लेकिन अब भारत से पूरी तरह से विलुप्त हो चुकी है। जबकि, एशियाई चीतों की अन्तिम कुछ आबादी अब सिर्फ़ ईरान में ही बची हुई है। वहाँ भी इनकी संख्या में तेज़ी से गिरावट दर्ज की जा रही है। इसके चलते एशियाई चीतों के भविष्य पर प्रश्नचिह्न लगा हुआ है।

शेर या बब्बर शेर

शेर बिल्ली परिवार के सबसे रोबीले, शक्तिशाली और सामाजिक जानवर होते हैं। वे पारिवारिक समूहों या झुण्ड में रहना पसन्द करते हैं। इस तरह के झुण्ड को प्राइड कहा जाता है। झुण्ड की शेरनियाँ शिकार करती हैं, जबकि शेर का काम अपने इलाक़े की रक्षा करना और परिवार में वृद्धि करना ही होता है। शेरनियाँ आकार में शेर से छोटी और ज़्यादा चुस्त होती हैं। जबकि, नर शेर के गले के पास मौजूद अयाल उसे ख़ास तरह की रोबीली छवि प्रदान करते हैं। नर शेर की दहाड़ जंगल की सबसे डरावनी आवाज़ों में शामिल की जाती है। माना जाता है कि शेर की दहाड़ को पाँच किलोमीटर दूर से भी सुना जा सकता है।

दुनिया में शेरों की मुख्यतः दो प्रजातियाँ पायी जाती हैं। इनमें से अफ्रीकी शेर अफ्रीका के कई अलग–अलग देशों के जंगलों में पाये

जाते हैं। जबकि, एशियाई शेरों की अन्तिम आबादी गुजरात के गिर के जंगलों में निवास करती है। हालाँकि, लगातार चलाये गये संरक्षण कार्यक्रमों के चलते गिर में शेरों की आबादी लगातार फलती–फूलती रही है और अब इनकी संख्या यहाँ के क्षेत्रफल के हिसाब से काफ़ी ज़्यादा मानी जा रही है। इसके चलते शेरों की आबादी के एक हिस्से को अन्य जगहों पर बसाने की ज़रूरत भी बहुत ज़्यादा महसूस की जाने लगी है।

बड़े कमाल की हैं घरेलू बिल्लियाँ

घरेलू बिल्ली या हाउस कैट एक ऐसी प्रजाति है जो दुनिया के ज़्यादातर हिस्सों में पायी जाती है। वास्तव में बिल्लियाँ इन्सानों के उतने ही क़रीब हैं जितना की कुत्ते। इन्सान के पुरखों ने भेड़िये की कुछ नस्लों को अपने साथ रखकर धीरे–धीरे उन्हें पालतू बना लिया। कुत्ते कुछ ही हज़ार सालों में इन्सान के बेहद नज़दीकी दोस्त हो गये। वे शिकार में मदद करते थे और हर समय इन्सान के साथ रहते थे। आज भी दुनियाभर में कुत्तों और इन्सानों के बीच की यह दोस्ती कम नहीं हुई है। यहाँ तक कि कुत्तों ने इन्सानों की खान–पान की आदतों के साथ भी अपना तालमेल बैठा लिया है। अक्सर ही शाकाहारी परिवारों में पलने–बढ़ने वाले कुत्ते अपना पूरा जीवन मांसाहार के बिना ही काट देते हैं। जबकि, मांसाहारी परिवारों में पलने वाले कुत्ते अपने मालिकों की छोड़ी हुई हड्डियों को तोड़ने में जुटे रहते हैं।

बिल्ली भी कुत्तों जितना ही इन्सानों के क़रीब रही है। हालाँकि, बिल्ली उस तरह से पालतू कभी नहीं हो पायी है जिस तरह से कुत्ते पालतू हो गये हैं। बिल्लियाँ अभी भी काफ़ी हद तक आत्मनिर्भर होती हैं। वे घरों में पालतू की तरह तो रहती ही हैं, लेकिन मौक़ा मिलते ही वे दूसरे घरों में ताँक–झाँक करने और चूहे और पक्षियों जैसे शिकार को अपना निशाना बनाने से नहीं चूकती। दुनियाभर में बिल्लियों की 70 से ज़्यादा प्रजातियाँ पायी जाती हैं। बहुत सारे लोग अपना अकेलापन बाँटने के लिए बिल्लियों को पालना पसन्द करते हैं। बिल्लियाँ हमारे जीवन में इतना ज़्यादा घुली–मिली हुई हैं कि हमारे भाषायी मुहावरे में भी वे हर जगह मौजूद हैं। बिल्ली का आगा काट

देना अशुभ होता है। जबकि, कैट वॉक आज फ़ैशन की दुनिया में चलने के तरीक़े के मामले में सबसे ज़्यादा प्रसिद्ध है। फ़ैशन मॉडल को बाक़ायदा कैट वॉक करने का प्रशिक्षण लेना पड़ता है।

हाल के दिनों में हुए कुछ शोध बताते हैं कि बिल्लियों को पालतू बनाने की कोशिश इन्सान ने लगभग साढ़े नौ हज़ार साल पहले ही करनी शुरू कर दी थी। बिल्लियाँ लगभग अँधेरे में भी देख सकती हैं। हालाँकि उन्हें रंगों की बहुत ज़्यादा पहचान नहीं होती। इन्सानों की तुलना में बिल्लियों की सूँघने की क्षमता बहुत ज़्यादा होती है और सुनने की क्षमता इतनी ज़्यादा होती है कि वे चूहे जैसे छोटे जीव के पदचापों को भी सुन लेती हैं। हालाँकि, एक ख़ास प्रकार की अनुवांशिक विशेषता के चलते बिल्लियों को मीठे का स्वाद नहीं पता होता है और चीनी खाने से उनका पेट भी ख़राब होने का ख़तरा रहता है। बिल्लियों का शरीर बेहद लचीला और फुर्तीला होता है। यहाँ तक कि वे हवा में भी अपने शरीर को मोड़ सकती हैं। इस विशेषता के चलते अगर बिल्ली को पीठ के बल करके दो मंज़िला मकान से फेंका भी जाये तो वे हवा में घूम जाती है, यानी जब वे ज़मीन पर नीचे गिरेंगी तो पीठ के बल नहीं बल्कि पैर के बल सीधी खड़ी हो जायेंगी। इसके अलावा बिल्लियाँ पेड़ों पर चढ़ने में भी माहिर होती हैं। इस विशेषता के चलते पक्षियों की शामत बिल्लियों के हाथों आयी रहती है। बिल्लियाँ पक्षियों के लिए किस हद तक ख़तरा हैं, यह इससे समझा जा सकता है कि माना जाता है कि पक्षियों की 33 प्रजातियों के विलुप्त होने के पीछे बिल्लियों द्वारा किया जाने वाला उनका अन्धाधुन्ध शिकार ही है।

भारत में शेरों का हुआ है पुनर्जन्म

शेर जंगल का राजा है। यह वो लाइन है जो हम बचपन से ही पढ़ते और सुनते आये हैं। ख़ासतौर पर बब्बर शेर के लिए भारतीय संस्कृति में काफ़ी प्यार और सम्मान है। लोग इन्हें शक्ति और सौन्दर्य का प्रतीक मानते हैं। बिल्लियों के परिवार का सबसे बड़ा सदस्य हालाँकि बाघ होता है और ताक़त में भी वह सबसे ज़्यादा होता है, लेकिन अपने रोब–दाब वाले चेहरे और सख़्त रुख़ के चलते शेर को सबसे ज़्यादा सम्मान की नज़रों से देखा जाता है। हालाँकि, पक्के तौर पर यह नहीं कहा जा सकता है कि बाघ और शेर में से जंगल का असली राजा कौन है क्योंकि आमतौर पर इनका आमना–सामना नहीं होता।

भारत दुनिया का एकमात्र ऐसा देश है जहाँ पर शेर और बाघ दोनों रहते हैं, लेकिन दोनों के इलाक़े इतने अलग–अलग हैं कि इनकी मुठभेड़ ही कभी नहीं हो सकती। हालाँकि, इतिहास में ऐसा वक़्त ज़रूर रहा होगा जब शेर और बाघ की लड़ाइयाँ होती रही होंगी। इसमें विजयी कौन होता होगा, इसे लेकर भी विशेषज्ञों की राय अलग–अलग है। शेर एक सामाजिक प्राणी है। वह झुण्ड में रहता है। नर शेर अपने झुण्ड की रक्षा करता है और शेरनियों के साथ मिलन करके परिवार बढ़ाने का काम करता है। वह पूरे इलाक़े की गश्त करके वहाँ पर अपना निशान लगाता है और इलाक़े में आने वाले नर शेरों यानी घुसपैठियों को मार भगाता है। परिवार और समूह उसकी ताक़त है। शेरनियाँ शिकार करने और बच्चे को जन्म देने और पालने का काम करती हैं।

शेरों के झुण्ड में आमतौर पर एक या दो नर शेर होते हैं। जबकि,

चार–छह शेरनियाँ और बच्चे होते हैं। डेढ़ या दो साल से बड़े नर शावकों को झुण्ड से अलग कर दिया जाता है। झुण्ड में मौजूद शेरनियाँ आपस में माँ–बेटी, बहन, मौसी यानी रिश्तेदार होती हैं। जबकि, नर शेर अलग झुण्ड से आते हैं। बच्चों का पालन–पोषण और देखभाल भी शेरनियाँ मिल–जुलकर करती हैं। झुण्ड में पैदा होने वाली मादा शावकों को तो रख लिया जाता है, लेकिन नर शावकों को बड़ा होते ही बाहर का रास्ता दिखा दिया जाता है। फिर वे नर शावक जंगलों में यूँ ही इधर–उधर मटरगश्ती करते हैं और शिकार करते हैं। इस बीच वे बड़े हो जाते हैं। पूरी तरह वयस्क होने और ताक़तवर होने के बाद वे किसी झुण्ड के नर शेरों को मारकर या हराकर वहाँ के दबंग नर का ओहदा हथियाने की फ़िराक में रहते हैं। शेरों का जीवन क्रम इसी तरह से चलता है।

जबकि, बाघों का जीवन शेरों से एकदम अलग होता है। बाघ एकाकी प्राणी है। उनका जीवन डरावना और रहस्यमयी होता है। बाघ जंगलों में अकेले घूमना पसन्द करते हैं। साल में मिलन के लिए सिर्फ़ कुछ दिनों के लिए नर और मादा बाघ एक–दूसरे के साथ रहते हैं। मादा के गर्भ धारण करने के साथ ही नर बाघ उसे छोड़कर चला जाता है। मादा जंगल की किसी माँद में बच्चों को जन्म देती है और उसे अकेले ही पालती–पोसती है और शिकार के लायक़ बनाती है। शिकार के मामले में आत्मनिर्भर होने के साथ ही बच्चे ख़ुद अपना इलाक़ा बनाने के लिए उसका साथ छोड़कर अपनी राह ले लेते हैं। साथ–साथ पले–बढ़े बाघ भाई–बहन कुछ दिन तो साथ रह सकते हैं, लेकिन उसके बाद वे भी अलग हो जाते हैं और अकेले ही जंगलों में घूमते रहते हैं। पूर्ण विकसित नर बाघों का वजन पूर्ण विकसित नर शेरों से चालीस किलोग्राम तक ज़्यादा हो सकता है। इसी अनुरूप बाघों का आकार भी बड़ा होता है। हालाँकि, माना जाता है कि इनके बीच अगर कभी लड़ाई होती भी होगी तो ज़्यादा सम्भावना शेरों के ही जीतने की है क्योंकि समूह में रहने के चलते शेर ज़्यादा रोब–दाब और आत्मविश्वास से भरे होते हैं। फिर उन्हें अपना दबदबा बनाये रखने के लिए लगातार दूसरे नर शेरों से

उलझना पड़ता है। इसके चलते उन्हें इस तरह की लड़ाइयों का अनुभव भी ज़्यादा होता है। जबकि, एकाकी जीवन और लड़ाइयों का ख़ास अनुभव नहीं होने के चलते बाघ बड़ा होने के बाद भी युद्ध कौशल में शेरों से उन्नीस ठहरते हैं।

दुनिया में शेरों की दो प्रजातियाँ पायी जाती हैं। एक तो अफ्रीकी शेर हैं और दूसरी एशियाई शेर। एशियाई शेर अपने अफ्रीकी रिश्तेदारों की तुलना में आकार में थोड़ा छोटे होते हैं। पहले एशियाई शेर फ़ारस से लेकर अरब जगत और भारत के तमाम हिस्सों में बड़ी तादाद में पाये जाते थे।

भारत के एक बड़े भू–भाग पर उनका स्वतन्त्र विचरण हुआ करता था। गले के पास मौजूद अपने घने और लम्बे बालों की अयाल वाले बब्बर शेर अपने झुण्ड की शेरनियों और अपने बच्चों को अपनी ताक़तवर हिफ़ाजत में लेकर घूमा करते थे, लेकिन जंगलों को काटकर उन्हें खेती योग्य बनाने के चलते घटते पर्यावास, जंगलों में शिकार की तादाद में कमी और राजाओं, नवाबों और अंग्रेज़ अफ़सरों द्वारा किये जाने वाले उनके शिकार के चलते शेरों की तादाद तेज़ी से कम हो गयी। यहाँ तक कि माना जाता है कि एक समय में तो उनकी तादाद घटकर केवल बीस के लगभग ही रह गयी थी।

जब भारत में ब्रिटिश सत्ता ख़ुद को मज़बूत कर रही थी। राजनीतिक उथल पुथल का दौर था। राजे–रजवाड़े और नवाब धीरे–धीरे अंग्रेज़ों की अधीनता स्वीकार करते जा रहे थे। राजनीतिक उथल–पुथल के चलते भारत का पुराना ढाँचा उजड़ता जा रहा था। देश के बड़े–बड़े हिस्से अपने इतिहास के सबसे बड़े अकाल और सूखे का सामना कर रहे थे। अपने राजस्व में इजाफ़ा करने के लिए राजा और नवाब ज़्यादा–से–ज़्यादा लोगों को जंगलों में बसा रहे थे। वहाँ पर उन्हें बड़ी–बड़ी ज़मीन जोतने–बोने के लिए दे दी जाती थी। जंगल की इस ज़मीन को साफ़ करके उसे खेती योग्य बनाने का ज़िम्मा उन्हीं लोगों का था। लोग जंगलों को साफ़ करते। वहाँ पर खेती की शुरुआत करते। जंगली जानवरों को अपने पर्यावास से हाथ धोना पड़ता। उनके जीने और खाने के विकल्प सीमित होते

जाते। जंगलों को खेत में तब्दील करने के साथ ही लोगों ने अपने पालतू पशुओं को उसमें चराने की भी शुरुआत की। जंगल में शिकार की कमी के चलते अक्सर ही शेर इन पालतू पशुओं को मार कर खा जाते थे। इसके चलते गाँव के लोगों का व्यवहार शेरों के प्रति दुश्मनाना था। वे ज़हर लगे मांस के ज़रिये शेरों को मार डालते थे। इससे भी शेरों की तादाद बेहद तेज़ी से कम होने लगी।

इसके अलावा, उस समय राजा–रजवाड़ों, नवाबों और अंग्रेज़ अफ़सरों में अपनी बहादुरी के प्रदर्शन और मनोरंजन का एक बड़ा साधन शेरों का शिकार था। जंगलों में शेरों को मार गिराने के बाद वे उसकी खाल उतारकर अपनी बैठकों में सजाते। शेरों के शिकार के क़िस्से बड़े चाव और बढ़ा–चढ़ाकर सुनाये जाते। राजा–रजवाड़े, नवाब और अंग्रेज़ अफ़सर एक–दूसरे को अपने इलाक़े में शिकार के लिए आमन्त्रण भी देते। बैठकों में सजे शेरों व अन्य जानवरों की खालों, सींगों और पंजों से उस राजा या नवाब की हैसियत तय की जाती थी। अपनी बैठकों को शेर की खाल से सजाने के लिए किये जाने वाले इन शिकारों ने शेरों की तादाद बेहद सीमित कर दी। शेरों की बड़ी आबादी ख़त्म हो गयी और भारत से भी उनके विलुप्त हो जाने का ख़तरा पैदा हो गया।

माना जाता है कि एक समय ऐसा भी आया जब इनकी आबादी घटकर सिर्फ़ बीस रह गयी। अगर उसी समय शेरों के संरक्षण के प्रयास नहीं शुरू किये जाते तो आज शायद हमारी पीढ़ियाँ इस वाक्य को दुहराती भी नहीं होती कि शेर जंगल का राजा है। उन्हें सिर्फ़ तस्वीरों में ही देखने को शेर मिलता और वह भी अफ्रीकी शेर। एशियाई शेरों की पूरी प्रजाति दुनिया से ही ख़त्म हो जाती, लेकिन भारतीय वन्य जीवन का यह बड़ा सौभाग्य ही कहा जायेगा कि ऐसा नहीं हुआ और गिर के जंगलों में शेरों के नये बच्चे लगातार पैदा हो रहे हैं और इन जंगलों नें शेरों की दहाड़ गूँज रही है।

लेकिन, यह इतना आसान नहीं था।

भारत में एक तरह से एशियाई शेरों का पुनर्जन्म हुआ है। वे बस ख़त्म होते–होते दोबारा से जी उठे हैं। इसके पीछे एक कारण यह भी

है कि शेर उन सबसे पहले जानवरों में शामिल हैं, जिनके संरक्षण के लिए पर्यावरणवादियों और वन्यजीव प्रेमियों ने आवाज़ उठानी शुरू की।

भारत के लिए 19वीं सदी अपनी आज़ादी खोने की सदी थी। इस सदी ने सबसे ज़्यादा ख़ूनी लड़ाइयाँ देखी। विश्वासघात झेले। अकाल और सूखे से हज़ारों–लाखों लोग काल कवलित हो गये। लोगों को गुलामों की तरह अफ्रीकी महाद्वीप और कैरिबियन के द्वीपों में काम करने के लिए भेज दिया गया। अंग्रेज़ हर दिन किसी–न–किसी रियासत को अपने हथकंडे में फँसाने में कामयाब हो रहे थे। रियासतों पर उनका क़ब्ज़ा हो रहा था। इसके साथ ही वहाँ के आर्थिक ढाँचे को तबाह करके अपनी व्यवस्था लागू की जा रही थी। ज़मीनों का जो पुराना बन्दोबस्त था, अंग्रेज़ों ने उसे भी बदलकर रख दिया। इस तरह से 19वीं सदी पूरे भारत के इतिहास में एक बेहद उथल–पुथल वाली सदी रही है।

इसमें किसी तरह का आश्चर्य नहीं होना चाहिए कि इसी सदी के पहले साठ सालों में यानी वर्ष 1800 से लेकर 1860 के बीच शेरों की ज़्यादातर आबादी नष्ट हो गयी। यूँ तो शेरों के शिकार को पहले भी बहादुरी और हैसियत का प्रतीक माना जाता था, लेकिन अंग्रेज़ों के आने के बाद इसमें भारी इजाफ़ा हुआ। शिकार करने को एक तरह के खेल का दर्जा प्राप्त था। अभी भी हम अपनी भाषा में मुहावरे के तौर पर 'शिकार खेलने जा रहे हैं' वाक्य समूह का प्रयोग करते हैं। यानी शिकार भी एक तरह का खेल है, जिसे आभिजात्य और प्रभुत्वशाली वर्ग खेलता है। शेरों का शिकार करके भी अंग्रेज़ अधिकारी अपने रोब–दाब और शक्ति सम्पन्नता का लोहा मनवाने की कोशिश करते थे। यह एक तरह के प्रभुत्व की निशानी थी। दूसरे अंग्रेज़ों की बन्दूकें भी ज़्यादा परिष्कृत थीं। इसके चलते शेरों की जान पर ख़तरे भी बढ़ गये थे।

शिकार की इस बहुतायत के चलते शेरों की आबादी बेहद तेज़ी से समाप्त होने लगी। यहाँ तक कि गिर के जंगलों के अलावा भारत के अन्य हिस्सों में उनकी आबादी पूरी तरह से समाप्त हो गयी। गिर का जंगल उस समय जूनागढ़ रियासत के अधीन आता था। कभी

बाबी पठान ने इस रियासत की स्थापना की थी। मुग़लों के पतन के बाद बाबी पठान ने गिर के जंगलों में ख़ास तरह के क़ानूनों को लागू किया था जिसे सोराट कहा जाता था। बाद में 1748 में यही जूनागढ़ की रियासत के रूप में तब्दील हो गयी। जूनागढ़ की रियासत को जल्द ही इस बात का अहसास हो गया कि शेरों की संख्या में कमी आ गयी है। इसके चलते 1880 में पहली बार जूनागढ़ के नवाब ने बिना उसकी अनुमति के शेरों के शिकार पर रोक लगा दी, लेकिन यह पाबन्दी शेरों के संरक्षण के लिए नहीं लगाई गयी थी। बल्कि यह पाबन्दी शेरों के शिकार पर अपने एक तरह के एकाधिकार की घोषणा के लिए लगाई गयी थी। नवाब या उसकी अनुमति के बिना कोई शेर का शिकार नहीं कर सकता है। इसका फ़ायदा उठाकर नवाबों की तरफ़ से अंग्रेज़ अधिकारियों को शिकार के लिए बुलावा भेजा जाता था। जिसके बाद में राजनीतिक फ़ायदे भी हुआ करते थे।

अन्धाधुन्ध शिकार के चलते शेरों की संख्या तेज़ी से कम होने लगी। काठियावाड़ का गजेटियर 1884 में गिर के शेरों की संख्या घटकर 10–12 के बीच होने का अनुमान करती है। हालाँकि, इसकी प्रामणिकता पर सन्देह किया जाता रहा है। जबकि, इससे पहले 1880 में कर्नल वाटसन ने गिर के जंगलों में शेरों की पहली गणना सम्पन्न की थी। उन्होंने लोगों से मिली जानकारी व उनके अनुभवों के आधार पर शेरों की संख्या 12 बतायी। इस परिदृश्य में एक बड़ा बदलाव तब आया जब 1890 में किंग जॉर्ज पंचम के बडे भाई प्रिंस विक्टर अल्बर्ट (ड्यूक ऑफ़ क्लारेंस) भारत आये। यहाँ पर उन्होंने शेर का शिकार करने की इच्छा प्रकट की। वे शिकार खेल सकें, इसके लिए व्यवस्था करने की शुरुआत हुई। तब तक यह तथ्य स्पष्ट हो चुका था कि भारत में सौराष्ट्र के काठियावाड़ के अलावा अब कहीं शेर नहीं बचे हैं। अब प्रिंस विक्टर अल्बर्ट शेर का शिकार कर सकें, इसके लिए जूनागढ़ के नवाब से इन्तज़ाम करने को कहा गया। जूनागढ़ में राजसी ठाट–बाट के साथ उनका स्वागत किया गया। शिकार के इन्तज़ाम किये गये। नवाब ने हर कोशिश की कि गिर के जंगलों में प्रिंस विक्टर अल्बर्ट शेर का शिकार कर सकें, लेकिन

शिकार के लिए कोई भी शेर उनके सामने नहीं पड़ा। इस तरह की भी अफ़वाहें हैं कि वे शिकार कर सकें इसके लिए बड़ी नौकाओं में भरकर अफ्रीका से शेर लाये गये। यह भी कहा जाता है कि प्रिंस विक्टर अल्बर्ट के सामने दीवान जूनागढ़ की ओर से पिंजरे में बन्द कर एक शेर पेश किया गया, लेकिन इस पर गोली चलाने से प्रिंस विक्टर अल्बर्ट ने इनकार कर दिया। नवाब ने हर कोशिश कर ली कि किसी तरह से जंगल में एक शेर प्रिंस की गोली का शिकार हो जाये, लेकिन वह कामयाब नहीं हो सका। इससे उसे जंगलों में शेरों की तादाद में आयी भारी कमी का अहसास हुआ।

इसी तरह का एक अन्य वाक़या वर्ष 1900 में भी घटा। नवम्बर 1900 में लार्ड कर्जन को भी शेर का शिकार करने की इच्छा पैदा हुई। शेर का शिकार करने के लिए जूनागढ़ के नवाब की मेहमान–नवाज़ी उन्होंने क़बूल की और गिर के जंगलों में शेर की तलाश में घूमने लगे, लेकिन तमाम जगहों के चक्कर लगाने के बाद भी उन्हें शेर के दर्शन नहीं हुए और बिना शिकार किये ही उन्हें वापस लौटना पड़ा। लेकिन, इस घटना से लार्ड कर्जन को भी शेरों की कम होती हुई तादाद का अन्दाज़ा हुआ। इस पर उन्होंने शेरों के शिकार पर रोक लगाने के आदेश भी जारी किये।

इससे पूर्व जूनागढ़ के शासक नवाब साहेब मोहम्मद बहादुर ख़ानजी द्वितीय ने 1892 में शेरों की गणना करायी थी। उस समय माना गया था कि जंगलों में इनकी संख्या सिर्फ़ 31 ही रह गयी है। वर्ष 1899 से 1900 के बीच सूखा पड़ गया। इसके चलते भी शेरों की आबादी को नुक़सान हुआ। सूखे के चलते जंगली वन्य पशुओं की संख्या में भारी कमी आयी। इसके चलते शेर जंगलों से निकलकर आस–पास के गाँवों में जाने लगे। यहाँ पर उन्होंने पालतू पशुओं को अपना शिकार बनाना शुरू कर दिया। इन्सानों के साथ उनकी मुठभेड़ बढ़ गयी और लोगों ने शेरों को मारना भी शुरू कर दिया। वहीं, जूनागढ़ रियासत ने इस समय तक शेरों को एक तरह से अपना प्रतीक बना लिया था। जूनागढ़ के नवाब ने न सिर्फ़ गिर बल्कि जहाँ भी शेर बचे हुए हैं, उन्हें अपनी सम्पत्ति घोषित कर दिया। यहाँ तक

कि पालतू पशुओं के मारे जाने के कुछ मामलों में पशु मालिक को मुआवज़ा भी जारी किया गया। वहीं इसके चलते आस–पास की रियासतों के साथ जूनागढ़ का विवाद भी शुरू हो गया।

इस बीच, वर्ष 1905 में नवाब साहेब मोहम्मद रसूल ख़ानजी ने शेरों की गणना करायी। इसमें शेरों की संख्या 100 के लगभग होने का अनुमान किया गया। जूनागढ़ के नवाब ने शेरों के शिकार पर पूरी तरह से पाबन्दी लगा दी। इसके लिए सरकारी आदेश भी जारी किया गया। हालाँकि, यह आदेश अभी भी शिकार करने के ख़ुद नवाब और उसके मेहमानों के अधिकार पर रोक नहीं लगाता था। फिर भी, जूनागढ़ रियासत की ओर से 1909 और 1913 में इस तरह के आदेश जारी किये गये। हालाँकि, इनसे ख़ास फ़ायदा होता हुआ नहीं दिखा। 1913 में मेजर कारनेगी द्वारा की गयी शेरों की गणना में उस समय केवल 20 शेर बचे होने की बात कही गयी। जबकि, वर्ष 1920 में सर पीआर केडेल द्वारा की गयी गणना में 50 से भी कम शेरों के बचे होने की बात कही गयी। जूनागढ़ के रेल सम्पर्क से जुड़ने के साथ ही शेरों के शिकार में और तेज़ी आयी थी। यहाँ तक कि एक ख़ास तरह की जनजाति के लोग शेरों के पंजों के निशान को देखकर जंगल में उनकी मौजूदगी का अन्दाज़ा लगा लेते थे। इन्हें पगी कहा जाता था। ये पगी भैंस की आवाज़ निकालकर शेरों को अपनी तरफ़ आकर्षित करते थे। शेर के आने पर उनका शिकार कर लिया जाता था या फिर शेर के शिकार के लिए भैंस या बकरे का चारा बाँध दिया जाता था। उनके शिकार के लिए आने पर शेर को बन्दूक़ की गोली से मार गिराया जाता था। खेल की तरह प्रचलित इन शिकारों ने शेरों को विलुप्त प्रायः बना दिया। यहाँ इस बात को समझा जाना ज़रूरी है कि गिर के जंगलों में शेरों की संख्या को लेकर लगभग तीस साल के अन्तराल में ही अलग–अलग अनुमान किये जाते रहे हैं। कभी इनकी संख्या दस–बारह तक बताई गयी तो कभी उनकी संख्या 100 तक होने का अनुमान किया गया। संख्या में इतना ज़्यादा अन्तर होने के पीछे सिर्फ़ यही कारण है कि उस समय तक शेरों की गणना की कोई वैज्ञानिक या सर्वस्वीकृत विधि

प्रचलित नहीं थी। आमतौर पर पैरों के निशान और लोगों से मिली जानकारी के आधार पर अनुमान कर लिए जाते थे। इस कारण से अलग–अलग गणनाओं में इतना ज़्यादा अन्तर देखने को मिलता है। निश्चित होकर इनमें से किसी भी एक गणना का एकदम सही होने का दावा नहीं किया जा सकता है।

हालाँकि, अब तक पर्यावरणविद् और वन्यजीव प्रेमी इस बात को समझ चुके थे कि एशियाई शेरों की गिनी–चुनी संख्या बस गिर में ही बची रह गयी है। अरब, फ़ारस व भारत के अन्य हिस्सों से वे कभी के समाप्त हो चुके हैं। लन्दन में मौजूद वन्यजीव प्रेमियों ने ब्रिटिश साम्राज्य के अलग–अलग देशों की विविधता को संरक्षित करने की मुहिम की शुरुआत की। गिर में मौजूद एशियाई शेरों को बचाने की तरफ़ सरकार और नौकरशाही का ध्यान खींचा गया। इन प्रयासों ने शेरों की आबादी बचाने में काफ़ी मदद की। उनके शिकार पर पूरी तरह से प्रतिबन्ध घोषित कर दिया गया। वर्ष 1936 में पहली बार वैज्ञानिक तरीक़े से शेरों की गणना की गयी। इस गणना में गिर के जंगलों में शेरों की आबादी 287 होने की बात सामने आयी।

शेरों की इस कहानी में एक नया मोड़ तब आता हुआ दिखा जब भारत के विभाजन के बाद जूनागढ़ की रियासत ने अपने आप को पाकिस्तान के साथ शामिल करना शुरू कर दिया। हालाँकि, कुछ दिन तक चली उठा–पटक के बाद जूनागढ़ रियासत को भारतीय गणराज्य में शामिल कर लिया। इसके साथ शेरों के संरक्षण का ज़िम्मा भी भारतीय सरकार के हिस्से आ गया। 1965 में भारत सरकार ने लगभग 1412 वर्ग किलोमीटर क्षेत्र को गिर राष्ट्रीय उद्यान व वन्य जीव विहार घोषित कर दिया। इसके बाद से ही यहाँ पर शेरों की आबादी में लगातार इजाफ़ा हुआ है।

मई 2015 में हुई गणना के मुताबिक़ यहाँ पर शेरों की संख्या 523 के लगभग है। जबकि वर्ष 2018 में हुई कुछ अपुष्ट गणनाओं के मुताबिक़ इनकी संख्या बढ़कर 600 के लगभग हो चुकी है। ख़ास बात यह है कि गिर में मौजूद एशियाई शेरों के इन झुण्डों में वयस्क शेर–शेरनियों के साथ ही उनके बच्चों की भी अच्छी तादाद है। यह

उनके अच्छे स्वास्थ्य और लगातार फलने–फूलने की तरफ़ इशारा करता है।

हालाँकि, शेरों के संरक्षण की यह कामयाबी भरी दास्तान दिल में एक खलिश भी पैदा करती है। जिस समय शेरों के संरक्षण के प्रयास किये गये थे, अगर उसी समय चीते के संरक्षण के प्रयास भी किये गये होते तो हो सकता है कि भारत की धरती पर आज भी चीते अपनी छलाँग भर रहे होते। क्या पता कि भारत के किसी हिस्से में उनकी आबादी भी बचाई जा सकी होती। अगर ऐसा हुआ होता तो आज हम सिर्फ़ अफ्रीकी चीतों की ही तस्वीरें देखकर सन्तोष नहीं कर रहे होते। हमारे अपने एशियाई चीते उन घसियाले मैदानों में अपनी दौड़ लगा रहे होते, जहाँ पर उन्होंने रफ़्तार की दुनिया का एक नया इतिहास रचा था।

गिर के शेरों को चाहिए नया आशियाना

पूरी दुनिया में एशियाई शेरों की अन्तिम शरणस्थली गिर के जंगल रहे हैं। पूरे भारत में शेरों की आबादी समाप्त होने के बाद यहीं पर शेरों की कुछ संख्या बची रही, लेकिन सौ से भी ज़्यादा सालों से चले संरक्षण अभियान के चलते इन शेरों की आबादी तेज़ी से बढ़ी है। गिर नेशनल पार्क में अब इनकी संख्या 600 के लगभग हो गयी है। पिछली कई गणनाओं से यह पता चलता है कि गिर के जंगल शेरों को काफ़ी रास आ रहे हैं और उनकी संख्या में लगातार इजाफ़ा हो रहा है। पर यह ख़बर हर किसी के लिए ख़ुशी की बात भी नहीं है। शेरों की आबादी में हुए इजाफ़े से गिर के आसपास रहने वाले लोगों के लिए कई तरह की परेशानियाँ भी खड़ी हो गयी हैं।

शेर कोई इन्सानों की तरह एक ही घर में रहने वाले प्राणी तो होते नहीं है। माना जाता है कि शेरों को शिकार करने और अपना जीवन भली प्रकार से बिताने के लिए कम–से–कम 40 से 50 वर्ग किलोमीटर का क्षेत्रफल चाहिए होता है। नर शेर इसे अपनी रियासत में तब्दील कर लेते हैं और अपनी सीमाओं की हिफ़ाजत भी करते हैं। इलाक़े में क़ब्ज़े और घुसपैठ के लिए नर शेरों में ख़ूनी लड़ाइयाँ भी हुआ करती हैं। इस पूरे क्षेत्र में रहने और शिकार करने का हक़ किसी एक झुण्ड का होता है। अपने इस क्षेत्र में वे लगातार गश्त करते रहते हैं।

इस हिसाब से देखा जाये तो शेरों की आबादी के लिए गिर नेशनल पार्क अब कम पड़ने लगा है। गिर नेशनल पार्क लगभग 1412 वर्ग किलोमीटर में फैला हुआ है। विशेषज्ञों का मानना है कि

यहाँ पर 270 शेरों के लिए ही पर्याप्त जगह है। यानी इतने शेर ही भली प्रकार से अपना जीवन गुज़ार सकते हैं, लेकिन गिर में शेरों की संख्या 600 तक पहुँच गयी है। तो फिर बाक़ी शेर अपना जीवन कैसे गुज़ार रहे हैं। गुजरात के वन विशेषज्ञों का मानना है कि शेर जंगलों के अलावा आसपास के गाँवों और आबादी क्षेत्र में भी बेधड़क चक्कर लगा रहे हैं। यहाँ तक कि लगभग 2200 वर्ग किलोमीटर के हिस्से में उनकी मौजूदगी का लगातार पता चल रहा है। विशेषज्ञों का मानना है कि 200 के लगभग शेर ऐसे हैं जो गिर नेशनल पार्क के बाहर यानी आबादी या गाँव के आसपास मँडरा रहे हैं। इसके चलते मानवों के साथ होने वाले इनके टकराव की सम्भावना भी बढ़ गयी है। अक्सर ही आसान शिकार के चक्कर में वे मवेशियों पर हमला कर दे रहे हैं, लेकिन सबसे ख़तरनाक बात शेरों का नरभक्षी होने की तरफ़ बढ़ना है। हाल के कुछ दिनों में इस तरह की घटनाओं में इजाफ़ा हुआ है, जिसमें शेरों ने मनुष्यों पर हमला किया हो। यह बात ज़्यादा गम्भीर तब हो जाती है जब शेरों द्वारा इन्सान का मांस खाये जाने का भी पता चलता है।

गुजरात वन विभाग के मुताबिक़ पिछले 23 सालों में शेरों द्वारा इन्सानों पर घातक हमला करने के कुल 18 मामले सामने आये हैं। पर सबसे ख़तरनाक बात यह है कि इनमें से छह हमले वर्ष 2016 के पहले छह माह में ही सामने आये हैं। केवल छह महीने में हुए इन छह हमलों से यह पता चलता है कि आबादी के आस–पास मँडराने वाले शेर इन्सानों के लिए सचमुच एक बड़ा ख़तरा बनते जा रहे हैं। इन्सानी आबादी के आसपास मँडराने से ख़ुद शेरों की भी जान पर बन आयी है। हाल ही में वन एवं पर्यावरण मन्त्री प्रकाश जावड़ेकर ने भी यह स्वीकार किया कि वर्ष 2015 में 90 शेरों की मौत अप्राकृतिक कारणों से हुई। जबकि, इससे पहले के दो वर्षों में यह औसत 75 के लगभग रहा है। शेरों की मौत के पीछे मुख्य वजहों में जंगल से बाहर घूमना ही है। इनमें से ज़्यादातर शेरों की मौत बिना मुंडेर के कुओं में गिरने के चलते हुई है। इसके चलते अब शेरों को इस तरह की मौत से बचाने के लिए कुओं के आसपास बाड़ लगाने के

कार्यक्रम भी चलाये जा रहे हैं, लेकिन जिस तरह से शेरों और इन्सानों के बीच की दूरी घट रही है, उसके साथ ही ख़तरा बढ़ता जा रहा है।

इन्सानों पर हमला करने वाले शेरों को पकड़कर वन विभाग अपनी निगरानी में रखता है। जाँच करने के बाद अगर उसके मल से इन्सान का मांस खाये जाने के सबूत मिलते हैं तो फिर उसे दोबारा जंगलों में आज़ाद नहीं छोड़ा जाता। उसे चिड़ियाघरों में भेज दिया जाता है। जबकि, इन्सानी मांस खाने का सबूत नहीं मिलने पर यह माना जाता है कि अचानक घबराहट में या फिर ख़ुद को ख़तरा जानकर शेर ने मनुष्य पर हमला कर दिया है। इस पर उसे कुछ दिनों तक निगरानी में रखने के बाद दोबारा जंगल में छोड़ दिया जाता है। स्थिति तब और ज़्यादा ख़राब हो जाती है जब किसी पूरे के पूरे झुण्ड पर ही नरभक्षी होने का अन्देशा होने लगता है। ऐसी स्थिति में पूरे झुण्ड को ही पकड़कर निगरानी में रखने की ज़रूरत पड़ती है, जो कि एक दुष्कर काम है।

कूनो वन्यजीव अभ्यारण्य में तैयार है शेरों का नया बसेरा

गिर में मौजूद शेरों की आबादी भले ही तेज़ी से बढ़ रही हो और यहाँ पर शेरों के झुण्ड फल–फूल रहे हों, पर सच्चाई यह है कि शेर एक वास्तविक ख़तरे से जूझ रहे हैं। एशियाई शेर दुनिया में अब कहीं नहीं बचे हैं। माना जाता है कि एक ज़माने में वे फ़िलिस्तीन से लेकर बिहार के पलामू तक पाये जाते थे। लेकिन, तमाम ख़तरों की वजह से उनकी आबादी बस समाप्त होते–होते बची है। ऐसे में एशियाई शेरों को बचाने की चिन्ता देश के ही नहीं बल्कि दुनियाभर के वन्यजीव प्रेमियों को है। पर्यावरणविद् और वन्यजीव प्रेमियों को चिन्ता इस बात को लेकर है कि शेरों की पूरी आबादी एक ही जगह पर सीमित है। गिर नेशनल पार्क गुजरात के मुख्यतः तीन ज़िलों जूनागढ़, अमरेली और भावनगर गें स्थित है। किसी एक प्रजाति के सभी जानवरों का किसी एक ही जगह पर रहना प्रकृति के लिहाज़ से कोई अच्छी बात नहीं है। एक तो गिर नेशनल पार्क में शेरों की भीड़ इतनी बढ़ गयी है कि उन्हें अपने क्षेत्र को छोड़कर इन्सानों की आबादी वाले हिस्सों में भी चक्कर लगाना पड़ रहा है। दूसरे, एक ही जगह पर सिमटी शेरों की सभी आबादी किसी महामारी की चपेट में आसानी से आ सकती है। वन्यजीव विशेषज्ञों का मानना है कि जानवरों को लगने वाली किसी भी महामारी के फैलने की स्थिति में शेरों की पूरी की पूरी आबादी के एक साथ ख़त्म हो जाने की आशंका है। अगर आबादी अलग–अलग जगहों पर रहती है तो एक जगह पर किसी आबादी के महामारी का शिकार होने के बाद भी दूसरी जगह पर उनकी आबादी बची रहेगी।

इसके साथ–साथ, गिर में पाये जाने वाले लगभग सभी शेरों का जीन पूल एक जैसा है। जेनेटिक विविधता को जीवों की उत्तरजीविता के लिए बहुत अच्छा और ज़रूरी माना जाता है। जेनेटिक विविधता नहीं होने के चलते जीवों में आगे और विकसित होने की सम्भावना भी कम हो जाती है। प्रतिरोधक क्षमता पर भी प्रभाव पड़ता है। अलग–अलग क्षेत्रों में रहने से, वहाँ की जीवन परिस्थितियों के अनुसार ढलने के लिए म्यूटेशन के ज़रिये शेरों के जीनों में बदलाव की सम्भावना भी ज़्यादा हो जायेगी। इन्हीं सब कारणों के चलते वर्ष 2006–07 के दौरान वन्यजीव प्रेमियों और वैज्ञानिकों ने शेरों की कुछ आबादी को गुजरात से हटाकर कुछ अन्य जगहों पर भी बसाने की माँग करनी शुरू कर दी। शुरू में यह प्रस्ताव गुजरात सरकार को दिया गया। लेकिन, गुजरात सरकार ने शेरों को एक प्रकार से गुजराती अस्मिता का प्रतीक बना लिया। शेरों को कहीं और भेजे जाने के लिए गुजरात सरकार तैयार नहीं हुई। इसके बाद मामला अदालत में चला गया।

विशेषज्ञों ने इसके लिए मध्य प्रदेश के कूनो वन्यजीव अभ्यारण्य को सबसे उचित जगह बतायी। यहाँ पर शेरों को बसाने के लिए पर्याप्त जगह थी, लेकिन गुजरात सरकार ने शेरों को यहाँ पर बसाये जाने का विरोध किया। लम्बी क़ानूनी लड़ाई के बाद सुप्रीम कोर्ट ने अप्रैल 2013 में शेरों को गुजरात से बाहर बसाने की इजाज़त दे दी। इसके लिए कूनो पालपुर के नाम पर भी सुप्रीम कोर्ट ने मुहर लगा दी। वन्यजीव विशेषज्ञ और पर्यावरणविद् डॉ. फ़ैयाज़ ख़ुदसर भी शेरों को कूनो पालपुर में पुनर्स्थापन (रिइंट्रोडक्शन) के मामले में पक्षकार रहे हैं। वे बताते हैं कि शेरों की आबादी के एक ही जगह पर सिमटने से उसकी पूरी आबादी पर ही संकट हो सकता है। इसी के चलते उन्होंने इस मामले को अदालत में भी उठाया और सुप्रीम कोर्ट ने भी इस पक्ष को मानते हुए गुजरात से बाहर शेरों को बसाने के निर्देश गुजरात सरकार को दिये हैं।

हालाँकि, इस निर्णय के भी छह साल बीत जाने के बाद अभी तक शेरों की कुछ आबादी को कूनो पालपुर में बसाया नहीं गया है। जबकि, शेरों को यहाँ पर घर जैसा माहौल देने के लिए काफ़ी तैयारियाँ

कर ली गयी हैं। शेरों के यहाँ रहने में परेशानी न हो। इसके लिए कूनो पालपुर में बसे 24 गाँवों को अभ्यारण्य के बाहर बसा दिया गया है। जबकि, शेरों के पानी पीने के लिए कई जगहों पर वाटर होल्स बनाये गये हैं। यही नहीं जंगल के घसियाले मैदानों का भी सुधार किया गया है। जबकि, शेरों को अच्छा घर मुहैया कराने के क्रम में विशेषज्ञों ने नीलगायों के झुण्ड को भी ट्रांसलोकेट करने का तरीक़ा ढूँढ़ निकाला है। भिण्ड व आसपास घूम रहे नीलगायों के झुण्ड को विशेषज्ञों ने पकड़कर कूनो पालपुर पहुँचा दिया है। इसके अलावा चीतल की आबादी भी यहाँ पहले से काफ़ी ज़्यादा हो चुकी है। यानी शेरों को यहाँ पर खाने के लिए काफ़ी शिकार मिल सकता है, लेकिन किन शेरों को कूनो पालपुर ट्रांसलोकेट किया जायेगा, उनकी पहचान करने या अन्य मुद्दों पर हुई प्रगति अभी लगभग शून्य ही है। अभी हाल ही में एक सवाल का जवाब देते हुए वन एवं पर्यावरण मन्त्री प्रकाश जावड़ेकर ने ट्रांसलोकेशन की प्रक्रिया पूरी होने में 25 साल तक का समय लग जाने की बात कही थी। हालाँकि, इसके बाद संसद में दिये गये एक जवाब में केन्द्र सरकार की ओर से बताया गया कि इसके लिए समिति गठित की गयी है जो जल्द ही शेरों की आबादी के कुछ हिस्से को कूनो पालपुर में ट्रांसलोकेट करने पर काम शुरू कर देगी।

1904 से हो रही है शेरों को गिर से बाहर बसाने की कोशिशें

शेरों को बाहर से लाकर बसाने की कोशिशें नयी नहीं हैं। वास्तव में इसके प्रयास वर्ष 1904 से ही हो रहे हैं। शेरों की आबादी लगातार घटने और शिकार के लिए भी शेर नहीं मिलने के चलते अंग्रेज़ हाकिमों को अपने इस शिकार मनोरंजन में काफ़ी कमी महसूस होती थी। यही हाल भारतीय रजवाड़ों और नवाबों का भी था। केवल जूनागढ़ के नवाब की रियासत में ही शेरों की आबादी होने के चलते अंग्रेज़ हाकिमों का रुख़ भी शिकार के लिए उसी की तरफ़ हुआ करता था। इन्हीं सब परिस्थितियों के बीच शेरों को बाहर से लाकर बसाने की एक कोशिश की गयी। माना जाता है कि ग्वालियर के राजाओं को अफ्रीका से शेर लाकर यहाँ श्योपुर में बसाने की सलाह ख़ुद लार्ड कर्जन ने 1904 में दी थी। यही नहीं लार्ड कर्जन ने अफ्रीका से शेर के बच्चे लाकर यहाँ पर बसाने के लिए मदद करने वाले सन्दर्भ पत्र भी लिखकर राजा को दिये। राजा ख़ुद भी इस योजना को लेकर बेहद उत्साहित थे। उन्होंने इस योजना पर सालाना डेढ़ लाख रुपये का बजट भी आवंटित कर दिया।

इसके बाद राजा के अधिकारियों ने मिस्र और इथियोपिया का दौरा किया। वे एक पानी के जहाज़ के ज़रिये शेरों के दस बच्चों को लाने में कामयाब हुए। जहाज़ को लेकर वे बम्बई पहुँच गये। लम्बे समुद्री रास्ते के चलते तीन बच्चे तो रास्ते में ही मर गये। शेरों को लाये जाने की योजना पर निजी रुचि लेते हुए राजा ख़ुद भी बम्बई पहुँच गये।

एक साल बाद इनमें से दो शेरनियों ने पाँच बच्चों को जन्म

दिया। राजा ने अपनी योजना पर उत्साह दिखाते हुए चार जोड़ों को अपने राज्य क्षेत्र में पड़ने वाले शियोपुर (कूनो पालपुर का नज़दीकी इलाक़ा) के जंगलों में छुड़वा दिया, लेकिन यह क़दम काफ़ी तबाही भरा साबित हुआ। कुछ ही दिनों में शेरों ने पालतू पशुओं और इन्सानों पर भी हमला करना शुरू कर दिया। यहाँ तक कि वे आदमखोर भी हो गये और आसान शिकार के लिए इन्सानों पर हमला करके उन्हें खाने लगे। 1910 से 1912 के बीच माना जाता है कि उन्होंने नौ लोगों को मार डाला। उन्हें पकड़ लिया गया और बाद में 1915 में दोबारा श्योपुर के जंगलों में छोड़ा गया। एक बार फिर से उन्होंने लोगों को मारकर खाना शुरू कर दिया। इससे पूरे इलाक़े में ही दहशत का माहौल बन गया। ये शेर आस–पास के बड़े हिस्से में फैल गये। अन्ततः उन्हें नीमच, पन्ना, झाँसी, मुरैना और ललितपुर में अलग–अलग मार गिराया गया। वर्ष 1928 तक इनमें से सभी शेर मारे जा चुके थे।

आज़ादी के बाद भी दिया गया था शेरों को नया घर

श्योपुर के असफल प्रयोग के बाद शेरों को गिर के बाहर बसाने की कोशिश आज़ाद भारत में भी की गयी। शेरों की आबादी को बढ़ाने और उन्हें नया घर देने के उद्देश्य से भारतीय वन्यजीव बोर्ड ने 1956 में शेरों की आबादी के कुछ हिस्से को उत्तर प्रदेश के चन्द्रप्रभा वन्यजीव विहार में बसाने की योजना बनायी। 1956 में सासन गिर के इलाके से एक शेर और दो शेरनियों को पकड़कर लगभग नौ महीनों तक शक्करबाग़ के चिड़ियाघर में रखा गया। 1957 में इन्हें लगभग 96 वर्ग किलोमीटर के हिस्से में फैले चन्द्रप्रभा वन्यजीव विहार में छोड़ दिया गया। यह जगह उत्तर प्रदेश के बनारस के क़रीब पड़ती है। शेर बाहर न निकल सकें इसके लिए तीन मीटर की बाड़ भी लगा दी गयी। शुरुआत में शेरों की संख्या में इजाफ़ा भी दर्ज किया गया।

वर्ष 1958 में इनकी संख्या बढ़कर चार हो गयी। 1960 में संख्या पाँच हुई तो 1962 में यह संख्या सात हो गयी। 1965 में यह संख्या बढ़कर 11 हो गयी, लेकिन फिर रहस्यमयी तरीक़े से इनकी मौत हो गयी। उस समय इनकी मौत के पीछे कोई निश्चित कारण नहीं तलाशे जा सके। हालाँकि, अब यह कहा जा सकता है कि अन्तःप्रजनन इसकी एक बड़ी वजह हो सकता है क्योंकि शेर के झुण्ड में शेरनियाँ तो एक परिवार की होती हैं, लेकिन शेर बाहर से आते हैं। जबकि, सीमित आबादी वाले इस प्रयोग में ऐसा होना सम्भव नहीं हो सका होगा। शेरों की सामाजिक व्यवस्था के बारे में उस समय तक इतनी जानकारियाँ भी नहीं रही होंगी।

हाल ही में एक विशेषज्ञ ने चन्द्रप्रभा में शेरों को बसाने के प्रयोग

के असफल होने के पीछे तीन मुख्य कारण बताये हैं। अब माना जाता है कि शेरों को बसाने के लिए बेहद छोटी जगह का चुनाव किया गया। शेरों को जंगल से पकड़ने के बाद नौ महीने तक चिड़ियाघर में रखा गया जो कि शेरों के लिहाज़ से काफ़ी ज़्यादा समय होता है। शेरों की आबादी और उनके ट्रांसलोकेशन के लिए वैज्ञानिक पद्धति और तकनीकों का भी उस समय अभाव था। इसलिए शेरों के सामाजिक और पारिवारिक ढाँचे की भी बुनियादी समझ उस समय तक नहीं बन सकी थी। इसके अलावा, चन्द्रप्रभा वन्यजीव विहार के आसपास रहने वाले लोगों को भी शेरों के बारे में जागरूक नहीं किया गया, ताकि इन्सानों के साथ होने वाली शेरों की मुठभेड़ को रोका जा सके। हालाँकि, यह भले कहा जा सकता है कि ट्रांसलोकेशन की इन कोशिशों ने देश के वन्यजीव विशेषज्ञों को बहुमूल्य अनुभव दिये। जिसके आधार पर आज ख़ासतौर पर बाघों के ट्रांसलोकेशन को ख़ासी सफलता मिली है।

बाघों और तेंदुओं के संरक्षण के कार्यक्रम

बड़ी बिल्लियों में सबसे ज़्यादा ताक़तवर और बड़े आकार वाले बाघों के संरक्षण में भी भारत ने एक मिसाल क़ायम की है। भारत के जंगलों में एक ज़माने में बाघों की बहुतायत हुआ करती थी। जंगल–झाड़ी के बीच इसकी धारीदार पीठ देखकर दूर से ही लोगों के रोंगटे खड़े हो जाते थे, लेकिन 20वीं सदी में इनकी संख्या में भारी कमी आयी। माना जाता है कि 1900 में दुनियाभर में बाघों की संख्या एक लाख से ज़्यादा थी। पर अन्धाधुन्ध शिकार के चलते सौ सालों में ही इनकी 97 फ़ीसदी आबादी नष्ट हो गयी। भारत में भी इनकी संख्या सिमटकर 1400 तक ही रह गयी थी। बाघों के संरक्षण का प्रयास भारत में 1972 में ही शुरू किया गया। हालाँकि, इसको शुरुआती सालों में ख़ास सफलता नहीं मिली। वर्ष 2010 में इनकी संख्या सिर्फ़ 1411 रह जाने की बात पता चली। इसके बाद से शुरू की गयी तमाम परियोजनाओं के चलते हाल के वर्षों में बाघों की संख्या में इजाफ़ा हुआ है। वर्ष 2019 में जारी बाघ गणना के आँकड़े बताते हैं कि भारत में इस समय बाघों की संख्या 2967 हो चुकी है।

सरिस्का और पन्ना जैसे कई जंगल ऐसे हैं जहाँ पर बाघों की पूरी की पूरी आबादी ही ख़त्म हो गयी थी। सरकार की ओर से शुरू की गयी परियोजनाओं में इन जगहों पर दोबारा बाघों को अन्य जगहों से लाकर बसाया गया। बाघों को दोबारा बसाये जाने वाले इन परियोजनाओं को सफलता भी मिली है। फ़िलहाल भारत में बाघों के लिए 27 जगहों पर परियोजनाएँ चल रही हैं। बाघों के संरक्षण में भारत की भूमिका को इसलिए भी सबसे ज़्यादा महत्त्वपूर्ण माना जाता

है, क्योंकि पूरी दुनिया में भारत ही ऐसा देश हैं जहाँ के जंगलों में बाघों की सबसे बड़ी आबादी पायी जाती है। हाल ही में सामने आयी एक रिपोर्ट बताती है कि इस समय दुनियाभर में जंगल में रहने वाले बाघों की कुल संख्या चार हज़ार के लगभग है और इनमें से तीन हज़ार के लगभग बाघ अकेले भारत के जंगलों में ही रहते हैं।

बाघ भारत के कई हिस्सों में पाये जाते हैं, उत्तराखण्ड के पहाड़ों से लेकर वे रणथम्भौर और बांधवगढ़ तक, दुधवा से लेकर बंगाल के मैंग्रोव तक, सुन्दरवन के जंगलों तक में पाये जाते हैं। अलग–अलग इलाक़ों में रहने के हिसाब से इन बाघों ने अपने जीने के तरीक़े में भी कुछ परिवर्तन किये हैं। ख़ासतौर पर बंगाल और बांग्लादेश तक फैले हुए सुन्दरवन में रहने वाले बाघ अपने आदमख़ोर स्वभाव के लिए भी ख़ासे बदनाम हैं। सुन्दरवन के जंगलों में शहद इकट्ठा करने के लिए आने वाले गाँववासियों को अक्सर ही वे अपना शिकार बना लेते हैं। इनके बारे में यहाँ तक भी कहा जाता है कि वे पानी के अन्दर से तैरते हुए नाव में बैठे हुए आदमी को भी अचानक हमला करके पानी में खींच सकते हैं। देश के अन्य हिस्सों में भी बाघों के साथ आम लोगों का टकराव होता रहता है।

बाघों के साथ ही जो दूसरी बिल्ली भारतीय लोगों के जीवन में गाहे–बगाहे दस्तक देती रहती है वह है तेंदुआ। आम लोगों का सबसे ज़्यादा टकराव तेंदुए से होता है। अपने स्वभाव में ही बेहद चालाक यह बिल्ली रात के समय घात लगाकर हमला करने के लिए बदनाम है। पेड़ पर चढ़कर छुपे रहना और वहीं से सब पर निगाह रखना इसका एक अतिरिक्त गुण है। जंगलों में शिकार के लिए जानवरों की कमी के साथ ही इनका इन्सानों की बस्तियों में भटकना आम होता जा रहा है। इन्सानों की बस्तियों में इन्हें आवारा कुत्ते आसानी से मिल जाते हैं। तेंदुए इन्हीं को अपना शिकार बना लेते हैं। खाने के मामले में तेंदुए बहुत ज़्यादा लचीले होते हैं। वे चूहे से लेकर हिरन और कुत्ते तक सबकुछ खा सकते हैं। यहाँ तक कि तेंदुओं में भी आदमख़ोरी की एक प्रवृत्ति मौजूद होती है। अक्सर ही तेंदुओं द्वारा इन्सानों पर हमले की ख़बरें आती रहती हैं। ये हमले मुख्यतः

दो तरीक़े के होते हैं। एक तो अपनी सुरक्षा को ख़तरा देखकर तेंदुआ आदमी पर हमला कर देता है, लेकिन ऐसी स्थिति में वह आदमी को खाता नहीं है। जबकि, दूसरे मामलों में तेंदुआ इन्सान पर घात लगाता है, दबे पैरों से उसका पीछा करता है, उसे आसान शिकार समझकर उस पर हमला कर देता है और उसे कहीं एकान्त में ले जाकर खाता है। इस तरह का हमला अक्सर ही महिलाओं और बच्चों पर किये जाते हैं। यहाँ तक कि कई जगहों पर तेंदुए माँ की गोद से बच्चा छीनकर ले जाने के लिए भी बदनाम हैं।

बड़ी बिल्लियों के ख़ानदान के तेंदुए ऐसे जीव हैं जिनका सबसे ज़्यादा सामना इन्सानों से होता रहता है। गाँव, कस्बों और छोटे शहरों की बात ही छोड़ दीजिए, मुम्बई, दिल्ली जैसे महानगरों और मेरठ, बेंगलुरु, देहरादून और पुणे जैसे शहरों में भी इनकी आमद की ख़बर अक्सर अख़बारों की सुर्खियाँ बटोरती है। ख़ासतौर पर रात के समय इनकी गतिविधियाँ कई छिपे हुए रास्तों, नालों और छोटी नदियों के माध्यम से शहरों में बढ़ जाती है। इनके लिए शहरों और इन्सानी आबादी का मतलब सिर्फ़ और सिर्फ़ आसान शिकार है। इसी आसान शिकार के लिए वे शहरों में मटरगश्ती करते हैं और कई बार अचानक किसी आदमी के सामने आ जाने पर उस पर हमला कर देते हैं। तो कई बार शिकार की कमी या फिर शरीर में लगी किसी चोट के चलते आदमख़ोर हो गये तेंदुए जानबूझकर इन्सान को शिकार बना लेते हैं। आबादी के साथ होने वाली मुठभेड़ों के चलते तेंदुए अक्सर ही अपनी जान गँवाते रहते हैं। जबकि, जंगल में रहने वाले तेंदुओं को सबसे ज़्यादा ख़तरा पर्यावास के नष्ट होने और शिकारियों से है।

पिछली सदी के साथ तुलना की जाये तो इस बार बाघ, तेंदुए और शेर के शिकार के पीछे के कारण काफ़ी हद तक बदल गये हैं। पहले राजे–रजवाड़े, नवाब और अंग्रेज़ अफ़सर शिकार को खेल की तरह आयोजित करते थे। शिकार को मारकर उनकी खाल, जबड़े, सींग और हाथी दाँत आदि को अपनी बैठकों में सजाया करते थे, लेकिन शिकार पर लगे प्रतिबन्ध के बाद इस तरह के आयोजनों पर

रोक लग गयी। जबकि, अब सभ्य लोगों की बैठकों में शिकार किये हुए जानवरों के अवशेषों की नुमाइश लगाने का रिवाज भी कम हो गया, लेकिन जंगलों में चोरी–छिपे जानवरों का शिकार अभी भी बड़े पैमाने पर चल रहा है। हाथियों को तो उनके बड़े–बड़े दाँतों के लिए मार दिया जाता है। जबकि, बाघ और तेंदुए जैसे जानवरों का शिकार ज़्यादातर चीनी दवाइयों में उनके अवशेषों के इस्तेमाल के लिए किया जाता है।

सदियों से ही इन्सान के लिए बाघ, तेंदुए और शेर जैसे जानवर शक्ति और सौन्दर्य के प्रतीक माने जाते रहे हैं। इन्सान इनसे डरता भी रहा है और इनके आकर्षण में डूबा भी रहा है। इसी के कारण इन्हें मारकर वह अपना प्रभुत्व भी साबित करता रहा है, लेकिन बाघ और तेंदुए की हड्डियों व शरीर के अन्य अंगों का इस्तेमाल ख़ासतौर पर यौन शक्ति बढ़ाने वाली चीनी दवाइयों में ख़ासी तादाद में किया जाता है। हालाँकि, इस बात के कोई वैज्ञानिक प्रमाण नहीं हैं कि बाघ और तेंदुए के मांस और हड्डियों में कोई औषधीय गुण होते हैं। इसके बावजूद चीन में इसकी माँग कम नहीं हो रही है।

इसी के चलते वन्य पशु अंगों का व्यापार करने वाले तस्करों द्वारा जंगलों में इनका शिकार किया जाता है। शिकारी जंगलों में ज़हर लगे हुए पशु का मांस रख देते हैं। जिन्हें खाकर बाघ और तेंदुए मर जाते हैं या फिर इन्हें फँसाने के लिए जंगलों में फन्दे लगा दिये जाते हैं। फन्दे में फँसे बाघ या तेंदुए को मारकर तस्कर उनके शरीर के अंगों और हड्डियों को अलग–अलग कर तस्करी के ज़रिये चीन व अन्य देशों में पहुँचा देते हैं। हालाँकि, इस व्यापार के नेटवर्क का काफ़ी हद तक अब ख़ुलासा हो चुका है और हाल के कुछ वर्षों में उठाये गये क़दमों से शिकार की घटनाओं में कमी भी आयी है। वर्ष 2014 में हुई गणना के मुताबिक़ भारतीय जंगलों में 12 से 14 हज़ार तेंदुए बचे हुए हैं। पहले की तुलना में इनकी संख्या में मामूली बढ़ोतरी भी हुई है। हालाँकि, शहरों में घुसपैठ के चलते मारे जाने वाले तेंदुओं की संख्या भी बढ़ रही है।

भारत में फिर से बसाये जाने थे चीते

लगभग छह साल पहले चीते भारत में लगभग पुनर्जन्म लेते–लेते रह गये। वर्ष 2009–10 में चीतों को फिर से भारत में बसाने की एक लम्बी क़वायद चली। यहाँ तक कि उन्हें कहाँ–कहाँ बसाया जा सकता है और चीते कहाँ से लाकर यहाँ पर बसाया जाये, इन सबकी तैयारियाँ भी कर ली। इस पर आने वाले ख़र्च की गणना भी कर ली गयी, लेकिन बाद में सारी तैयारियाँ धरी की धरी रह गयीं। चीते को एक बार फिर से भारत में घर नहीं मिल सका।

वन्य जीवों के संरक्षण में अच्छी प्रतिष्ठा हासिल करने के बाद भारत सरकार के वन एवं पर्यावरण मन्त्रालय ने दस साल पहले चीतों को फिर से भारत में बसाने की परियोजना पर काम शुरू किया। इसके पीछे सोच यह थी कि चीते भारत से विलुप्त होने वाले एकमात्र बड़े बिल्ले हैं और एक ज़माने में उनकी यहाँ पर बड़ी भारी तादाद पायी जाती थी। उन्हें भारत से विलुप्त हुए भी ज्यादा समय नहीं बीता है। माना जाता है कि चीते 1950 के आस–पास तक भारत के जंगलों में बचे हुए थे। अन्तिम तीन चीतों के 1947 में मारे जाने के तो प्रमाण भी हैं। इसे देखते हुए वन्य जीव वैज्ञानिक यह मानते हैं कि ज़्यादा समय नहीं होने के चलते अभी भी उन घसियाले मैदानों की स्थितियों में इतना ज़्यादा अन्तर नहीं आया है कि चीते दोबारा वहाँ पर नहीं बसाये जा सके। वर्ष 2009 में इस योजना पर काम शुरू हुआ और अन्तरराष्ट्रीय विशेषज्ञों ने भी इस परियोजना में ख़ासी रुचि दिखायी। अब तक भारत में भी बाघों को एक जगह से ले जाकर दूसरी जगहों पर बसाने की योजना पर काम किया जा चुका है। इसी तरह से

चीतों को भी ख़ासतौर पर अफ्रीकी देशों से लाकर भारत में बसाने की योजना तैयार की गयी।

शुरुआती चरण में देहरादून स्थित भारतीय वन्यजीव संस्थान और वाइल्ड लाइफ़ इंस्टीट्यूट ऑफ़ इंडिया के वैज्ञानिकों की टीम ने देश में कुल मिलाकर दस हिस्सों का सर्वे इस दृष्टि से किया कि वहाँ पर चीतों को बसाया जा सकता है कि नहीं। ये जगहें राजस्थान, गुजरात, मध्य प्रदेश, उत्तर प्रदेश और छत्तीसगढ़ में मौजूद हैं। यहाँ पर नेशनल पार्क या वन्य जीव विहार मौजूद हैं। घसियाले मैदानों वाली इन जगहों को चीते जैसे जानवर के रहने के लिए बेहद मुफ़ीद माना गया। बाद में इनमें से तीन जगहों को पहले चरण में चीतों के बसाने के लिए सबसे ज़्यादा मुफ़ीद पाया गया। वैज्ञानिकों ने अपने सुझाव में मध्य प्रदेश के कुनोपाल पुर वाइल्ड लाइफ़ सेंचुरी और मध्य प्रदेश के ही नौरादेही वाइल्ड लाइफ सेंचुरी को तथा राजस्थान के जैसलमेर जिले के शाहगढ़ इलाक़े को चीते की आबादी के लिए सबसे ज़्यादा उपयुक्त बताया और यहाँ पर चीतों को सबसे पहले बसाने का सुझाव दिया। शुष्क जलवायु और घसियाले मैदानों वाली इन जगहों पर चीते हज़ारों सालों से रहते आ रहे थे। उन्हें यहाँ से ख़त्म हुए बस साठ साल ही हुए हैं, इसलिए उनके यहाँ पर दोबारा बसने की पूरी सम्भावना जताई गयी। यहाँ तक कि वैज्ञानिकों ने यह भी सुझाव दिया कि एशियाई चीते चूँकि अब सिर्फ़ ईरान में बचे हैं और भारतीय चीते के यही सबसे क़रीबी रिश्तेदार थे, इसलिए होना तो यह चाहिए की भारत वहाँ पर चीते के संरक्षण में भी अपनी विशेषज्ञता का योगदान दे।

भारत सरकार के वन एवं पर्यावरण मन्त्रालय की देख–रेख में चल रही इस परियोजना में चीतों को अफ्रीका के देश नामीबिया से लाकर बसाने की लगभग पूरी तैयारी हो गयी। वैज्ञानिकों द्वारा सुझाई गयी तीनों जगहों में से भी शाहगढ़ को सबसे ज़्यादा उपयुक्त माना गया। दरअसल, यह स्थान भारत और पाकिस्तान की अन्तरराष्ट्रीय सीमा पर पड़ती है। यहाँ पर स्थिति कुछ–कुछ त्रिकोण जैसी बनती है। इसके चलते इसके तीन तरफ़ पहले से ही बाड़ लगी हुई है। एक

तरफ़ के कुछ हिस्सों पर बाड़ लगाकर पूरे क्षेत्र को चीतों के लिए संरक्षित किया जा सकता है। जिस गति से सरकार की तैयारियाँ चल रही थीं, उससे वन्य जीवों पर काम करने वाले संगठनों को भी लगा कि बस कुछ ही सालों में चीते को भारत में घर मिल जायेगा। इसके साथ ही भारतीय वन्य जीवन पर लगा एकमात्र दाग भी धुल जायेगा। जो कि चीते के विलुप्त होने के साथ ही लग गया था। चीते को दोबारा बसाने की योजना पर तीन सौ करोड़ रुपये के ख़र्च आने का अनुमान **भारत** सरकार ने किया हुआ था। सबकुछ योजनानुसार चलता तो 2012 के मध्य तक नामीबिया से आने वाले चीतों की पहली खेप भारतीय ज़मीन पर चौकड़ी भर रही होती।

लेकिन, भारत में शेरों की आबादी के एक हिस्से को गुजरात से बाहर बसाने को लेकर चल रही सुप्रीम कोर्ट में सुनवाई के दौरान चीते को दोबारा भारत में बसाने का सन्दर्भ आया। दरअसल, शेरों की आबादी के कुछ हिस्से को भी मध्य प्रदेश के कुनोपाल पुर वन्यजीव विहार में बसाने की योजना पर भी काम चल रहा था। सुप्रीम कोर्ट में चल रही सुनवाई के दौरान कहा गया कि वहाँ पर चीतों के लिए उपयुक्त पर्यावास बनाने की दिशा में कार्य नहीं किया गया है और ऐसे भी वहाँ पर एशियाई शेरों को बसाने के लिए पर्यावास विकसित करने का काम चल रहा है।

इसी सब के बीच चीतों को दोबारा बसाये जाने की परियोजना को अदालत ने स्थगित कर दिया। कुछ नये तथ्यों के सामने आने को भी इसके पीछे कारण माना जाता है। दरअसल पहले यह माना जाता था कि भारतीय चीतों के अपने अफ्रीकी रिश्तेदारों से अलग हुए सिर्फ़ पाँच हज़ार साल हुए हैं। जबकि, बाद के शोधों से पता चला कि एशियाई चीते 32 हज़ार से 67 हज़ार साल पहले अपने अफ्रीकी रिश्तेदारों से अलग हो गये थे। इस बीच उनके जेनेटिक कोड में भी कुछ बदलाव होने की बात मानी गयी। तब से ही यह योजना ठण्डे बस्ते में डाल दी गयी है। हालाँकि, अभी भी यदा–कदा चीतों को दोबारा भारत में बसाने की सम्भावना तलाशने पर चर्चा तो होती है। इस सन्दर्भ में नयी बात यह है कि वर्ष 2019 में सुप्रीम कोर्ट ने यह

कह दिया है कि उसे प्रयोग के तौर पर चीतों को बसाने पर कोई आपत्ति नहीं है। इसके बाद से एक बार फिर से इस सिलसिले में काम शुरू हो चुका है।

प्रसंगवश, अंग्रेज़ों से आज़ाद होने के पाँच साल बाद ही इंडियन बोर्ड फ़ॉर वाइल्ड लाइफ़ द्वारा 1952 में चीते को दोबारा भारत में बसाने का प्रयास किया गया था। ईरान से चीते लाने और बदले में उसे शेर देने की योजना थी। हालाँकि, यह योजना भी परवान नहीं चढ़ सकी। जबकि, जोधपुर के महाराजा गजे सिंह तृतीय ने केन्या से लाकर जोधपुर के पास चीते को बसाने की योजना बनायी थी। हालाँकि, यह योजना भी अमल में नहीं लायी जा सकी।

ऐसे ही ख़तरे में है भारत का शुतुरमुर्ग : गोडावण

आज़ादी के बाद चीता एकमात्र ऐसा बड़ा प्राणी है जिसे हमने खो दिया। जो हमारी धरती से विलुप्त हो गया, लेकिन अब चीते जैसा ही संकट एक अन्य प्राणी पर भी मँडरा रहा है। यह प्राणी है ग्रेट इंडियन बस्टर्ड। इसे शुतुरमुर्ग की भारतीय प्रजाति भी कहा जा सकता है। लगभग एक मीटर की ऊँचाई वाला यह पक्षी उन सबसे बड़े पक्षियों में है जो उड़ने में सक्षम होते हैं। एक वयस्क नर ग्रेट इंडियन बस्टर्ड पक्षी साढ़े चौदह किलोग्राम तक का हो सकता है। जबकि, कुछ जगहों पर इसके 18 किलोग्राम तक का होने की बात भी कही जाती है। नर बस्टर्ड की तुलना में मादा बस्टर्ड का आकार थोड़ा छोटा होता है। एक समय में ग्रेट इंडियन बस्टर्ड भारत के बड़े भू–भाग में विचरण किया करते थे। पंजाब से लेकर हरियाणा, राजस्थान, महाराष्ट्र, गुजरात, मध्य प्रदेश, कर्नाटक, आन्ध्र प्रदेश, ओडिशा से लेकर तमिलनाडु तक में इन पक्षियों का आवास बिखरा हुआ था। ख़ास भारतीय ज़मीन के ये पक्षी भारत के वन्य जीवन में एकदम घुले–मिले थे, लेकिन अब इनकी आबादी सिमटकर सिर्फ़ राजस्थान, महाराष्ट्र और गुजरात में ही बची रह गयी है। माना जाता है कि अब इनकी आबादी सिर्फ़ डेढ़ सौ से ढाई सौ के बीच रह गयी है।

हालाँकि, कुछ रिपोर्ट इनकी आबादी इससे भी कम हो जाने की तरफ़ इशारा करती हैं। राजस्थान में भी इनकी आबादी सिकुड़कर सिर्फ़ जैसलमेर, बाड़मेर और बीकानेर में ही रह गयी है। इसी तरह से इस रिपोर्ट का कहना है कि गुजरात में सिर्फ़ 11 और महाराष्ट्र

में सिर्फ़ छह ग्रेट इंडियन बस्टर्ड ही बच पाये हैं। इसके अलावा, कनार्टक और आन्ध्र प्रदेश में कुछ ग्रेट इंडियन बस्टर्ड के बचे होने का अनुमान लगाया जाता है। हालाँकि, इसके बारे में निश्चित होकर कुछ भी कहना फ़िलहाल सम्भव नहीं है। ख़ास बात यह है कि ग्रेट इंडियन बस्टर्ड भी काफ़ी कुछ उसी तरह के इलाक़े में रहते हैं, जिस तरह के इलाक़े में पहले चीता रहा करता था। काले मृगों का भी यही इलाक़ा है। इसलिए चीते के लुप्त होने और ग्रेट इंडियन बस्टर्ड पर मँडराने वाले ख़तरे में कुछ हद तक समानताएँ भी हैं। यह शुष्क और अर्द्धशुष्क इलाक़ों में रहना पसन्द करता है।

ग्रेट इंडियन बस्टर्ड राजस्थान का राज्य पक्षी है। इसे वहाँ पर गोडावण के स्थानीय नाम से पुकारा जाता है। राजस्थान सरकार की ओर से गोडावण के संरक्षण के कई प्रयास शुरू किये गये, लेकिन फ़िलहाल तक इसमें कामयाबी मिलती नहीं दिख रही है। यहाँ तक कि केन्द्र सरकार व गुजरात एवं महाराष्ट्र की सरकारों के साथ मिलकर भी इसके संरक्षण का प्रयास किया जा रहा है। विशेषज्ञों की देख–रेख में इनकी आबादी बढ़ाने की परियोजनाओं को भी ख़ास सफलता नहीं मिली है क्योंकि ये पक्षी मानवों द्वारा उपलब्ध कराये गये आवास में रहते हुए मिलन करने और उसके बाद अण्डों के होने में बहुत सफल नहीं हो सके हैं। इन अण्डों को सेने और इनसे बच्चे के निकलने की उम्मीद भी कम ही बँधती है।

मानव संरक्षण में इनके मिलन और बच्चों के होने की अभी तक की सफलता सिर्फ़ 17 फ़ीसदी रही है। इसके चलते भी इनकी आबादी को लेकर ख़ासी चिन्ता जताई जा रही है।

विशेषज्ञों की मानें तो एक समय भारत के ज़्यादातर हिस्सों में पाया जाने वाला यह पक्षी बड़े पैमाने पर हुए शिकार, पर्यावासों के नष्ट होने, घसियाले मैदानों के सिकुड़ने, घोंसला बनाने और अण्डा देने की जगहों के कम होने आदि के चलते विलुप्त होने की कगार पर पहुँच गया है। आकार में भारी–भरकम और 14–15 किलोग्राम तक का पक्षी होने के चलते इसका शिकार बड़े पैमाने पर मांस के लिए किया जाता रहा है। इन अन्धाधुन्ध शिकारों और पर्यावास

के नष्ट होने के चलते ग्रेट इंडियन बस्टर्ड की आबादी आज ऐसी जगह पर पहुँच गयी है, जहाँ से दोबारा उसके पूरे भारत में उड़ान भरने की सम्भावना कम ही नज़र आती है। यहाँ तक कि कुछ पक्षी विज्ञानी अब प्राकृतिक आवास में उनके प्रजनन कार्यक्रम चलाने की बजाय उनकी आबादी के अच्छी तरह से प्रबन्धन की हिमायत भी करने लगे हैं। ताकि, मानव संरक्षण में उन्हें जीवित रखने के बेहतर रास्ते निकालकर उनके सफल प्रजनन कार्यक्रम चलाये जा सकें। हालाँकि, कम होते–होते उनकी आबादी जहाँ पर पहुँच चुकी है वहाँ से इस तरह के कार्यक्रमों को चलाने के विकल्प भी काफ़ी सीमित होते जा रहे हैं।

अभी हाल ही में गोडावण के जीवन पर छाये एक नये ख़तरे को भी वन्यजीव विशेषज्ञों ने चिह्नित किया है। हाईटेंशन लाइन भी गोडावण की मौत का कारण बन रही है। इसकी चपेट में आने के चलते गोडावण मर रहे हैं। इसके चलते गोडावण के लिए इलाक़ों में हाईटेंशन लाइन को भूमिगत किये जाने या हाईटेंशन लाइन पर कुछ ख़ास क़िस्म के उपकरण लगाने का सुझाव दिया जा रहा है। ताकि हाईटेंशन लाइन की चपेट में आने से इन्हें बचाया जा सके।

भारत में कभी प्रमुखता से पाया जाने वाला एक स्तनपायी जानवर भी इसी तरह से विलुप्त होने के ख़तरे का सामना कर रहा है। काराकल (स्याहगोश) नाम की यह बिल्ली बड़ी बिल्लियों और घरेलू बिल्लियों के बीच मानी जा सकती है। आमतौर पर गाँवों में लोग जिस जंगली के बिल्ले का ज़िक्र करते हैं, पूरी सम्भावना है कि वह काराकल के बारे में ही कहा जाता था। कभी यह भारत के गुजरात, राजस्थान, महाराष्ट्र, मध्य प्रदेश, उत्तर प्रदेश जैसे हिस्सों में बहुतायत से पाया जाता था, लेकिन आज इनकी आबादी बहुत ही सीमित रह गयी है। 18 किलोग्राम तक वजन वाली यह बिल्ली दस फुट तक की छलाँग लगा सकती थी। ठेठ बिल्ली जैसा आकार और कान के पास के ऊपर पंख जैसे कुछ बाल इसे ख़ास छवि प्रदान करते हैं। अपनी लम्बी छलाँग के चलते पक्षियों को शिकार बनाने में इसका कोई सानी नहीं। मुग़ल काल में चीतों के साथ–साथ काराकल को भी पालतू

बनाने का बहुत चलन था। मुग़ल बादशाह और नवाब ख़ासतौर पर पक्षियों का शिकार करने के लिए काराकल का इस्तेमाल करते थे। हालाँकि, चीतों के मुक़ाबले में काराकल को प्रशिक्षित करना ज़्यादा मुश्किल माना जाता रहा है क्योंकि ये अपने प्रशिक्षकों पर भी हमला करने के लिए बदनाम रहे हैं। भारत के जंगलों की इस रहस्यमयी बिल्ली को बचाने के लिए वन्य जीव विशेषज्ञों की तरफ़ से प्रयास भी शुरू किये गये हैं।

वन्य जीवन पर भारी पड़ते हैं हल्के से बदलाव

हमने तमाम क़िस्म की आपदाओं के नाम सुने हैं। अक्सर हम इन्हें प्राकृतिक आपदा का नाम देते हैं, लेकिन सच तो यह है कि हाल के दिनों में आयी कई प्राकृतिक आपदाओं की मूल वजह उस जगह की प्रकृति में मानवों द्वारा की गयी आवश्यकता से अधिक छेड़छाड़ रही है। ऊपर से देखने पर हम सोचते हैं कि प्रकृति का यह रौद्र रूप है। पर अगर गहराई से देखा जाये तो पता चलेगा कि प्रकृति का यह रौद्र रूप नहीं था। प्रकृति तो हमेशा से ऐसी ही थी। उसके रास्ते में बाधा तो हम ख़ुद बन रहे थे। प्राकृतिक बदलावों के कारण नदियाँ लगातार सिकुड़ती जा रही हैं। इसके चलते उनके कछार पर क़ब्ज़ा कर हम मानवों की आबादी लगातार उन पर बसती जा रही है, लेकिन कई सालों बाद जब कभी नदी अपने वास्तविक रूप में आती है तो पता चलता है कि नदी के रास्ते में तो हज़ारों लोगों की आबादी रहने लगी है। फिर जब नदी इन लोगों से अपना हिस्सा छीनने लगती है तो हम मानवों में भी हड़कंप मच जाता है। हम इसे प्राकृतिक आपदा कहकर चिल्लाने और चीख़ने लगते हैं। जबकि, वास्तव में देखा जाये तो हुआ दरअसल यह है कि हम लोग अपनी तमाम गतिविधियों से प्रकृति को कुछ ज़्यादा ही प्रभावित करने लगे हैं। जहाँ पर यह प्रकृति के नियमों को समझकर उनके अनुकूल बनकर किया गया है वहाँ पर इसके परिणाम भी अच्छे मिले हैं। लेकिन, जहाँ पर यह परिवर्तन बिना समझे–बूझे, प्रकृति की शक्ति को अनदेखा करके और उसके सहज मार्ग को बाधा पहुँचाते हुए की गयी है, वहाँ पर इसके दुष्परिणाम भी देखने को मिले हैं। उत्तराखण्ड की केदार घाटी में बादल

फटने के चलते अचानक आयी पहाड़ी सुनामी हो या फिर मुम्बई और चेन्नई जैसे शहरों की बाढ़, इन सबके पीछे कहीं–न–कहीं इन्सान की ऐसी गतिविधियाँ रही हैं जिनके पश्च परिणाम नहीं सोचे गये। तात्कालिकता से पैदा हुई इन योजनाओं से तुरन्त तो फ़ायदा हुआ, लेकिन अचानक आयी आपदा से हज़ारों लोगों को इसके दुष्परिणाम भी झेलने पड़े।

मानवीय गतिविधियों के चलते ऐसी ही भयंकर आपदा का शिकार एक पक्षी भी हो गया है। यहाँ तक कि इस पक्षी की आबादी ही समाप्त होने का ख़तरा पैदा हो गया है। जी हाँ, इस पक्षी का नाम गिद्ध है। बीते बीस–पच्चीस सालों में इस पक्षी की लगभग 95 फ़ीसदी तक की आबादी नष्ट हो चुकी है और इसके पीछे कारण इन्सान की एक छोटी–सी चूक है।

प्रकृति के लिए गिद्ध बेहद ज़रूरी है। प्रकृति को गिद्धों की ज़रूरत इन्सानों से ज़्यादा है। वे प्रकृति की साफ़–सफ़ाई का काम करते हैं। उनके बिना प्रकृति के इस स्वरूप की कल्पना भी नहीं की जा सकती है। किसी भी जानवर की मौत होने के बाद वे तुरन्त साफ़–सफ़ाई में जुट जाते हैं। वे अपना काम बेहद सफ़ाई से करते हैं। गिद्ध प्रकृति के नैसर्गिक सफ़ाईकर्मी हैं। भारत जैसे देशों में उनकी आवश्यकता और भी ज़्यादा है। ख़ासतौर पर इसलिए भी कि हमारे यहाँ मरने के बाद जानवरों की खाल उतारकर उन्हें गाँव के किसी बाहरी हिस्से में छोड़ दिया जाता है। आसमान में मँडराते गिद्ध इन्हें इतनी ऊँचाई से भी देख लेते हैं और उनके झुण्ड के झुण्ड उतर आते हैं। कुछ ही देर में पशु की लाश से मांस का एक–एक कतरा नोच लिया जाता है। इस तरह से मांस सड़ने से बच जाता है। इससे कई तरह के हानिकारक तत्त्व प्रकृति में घुलने–मिलने से बच जाते हैं और हम इन्सान व अन्य बहुत सारे से जीव–जन्तु इसके हानिकारक प्रभाव से बच जाते हैं। प्रकृति में गिद्ध यह काम सदियों से करते आये हैं। जंगलों में भी वे प्राकृतिक मौत मरने वाले या फिर किसी का शिकार बने जानवर के अवशेषों को साफ़ करने में अपनी भूमिका निभाते हैं। वे सड़ा–गला मांस भी हजम कर लेते हैं। इससे उनके सफ़ाई के गुणों में और बढ़ोतरी हो जाती है।

ज़्यादा समय नहीं बीता है, बीस–पच्चीस साल पहले तक भारत में गिद्ध सबसे ज़्यादा पहचाने जाने वाले पक्षियों में से थे। भारत की तमाम भाषाओं में उनको लेकर मुहावरे भी बने हुए थे। जो उनके जीवन में रचे–बसे होने की निशानी है। ज़मीन पर टकटकी लगाये गिद्धों से भरा आसमान एक समय का जाना–पहचाना दृश्य था, लेकिन अब यदा–कदा ही गिद्ध दिखते हैं।

भारत में गिद्धों की नौ प्रजातियाँ पायी जाती थीं। देश के लगभग सभी हिस्सों में गिद्ध पाये जाते थे। विशेषज्ञों का मानना है कि इनमें से सबसे ज़्यादा तादाद में व्हाइट रैंप वल्चर या गिद्ध पाये जाते थे। 1980 में इनकी तादाद भारत में आठ करोड़ के लगभग आंकी गयी थी। इसी आधार पर दुनिया में भी इनकी आबादी सबसे ज़्यादा मानी जाती थी, लेकिन अचानक से गिद्धों की सभी प्रजातियों की आबादी में तेज़ गिरावट आनी शुरू हो गयी। पहले तो इस पर किसी का ध्यान भी नहीं गया, लेकिन जब सड़क के किनारे, गाँव के बाहरी हिस्सों में, शहरों की परिधि पर, नदियों और कछारों में मरे हुए पशुओं की लाशें सड़ती रहीं और उन्हें साफ़ करने के लिए गिद्धों के झुण्ड नहीं आये तब विशेषज्ञों का ध्यान इस ओर जाना शुरू हुआ कि आसमान में हर समय मँडराने वाले गिद्धों के झुण्ड अब दिखायी नहीं देते, लेकिन तब तक काफ़ी देर हो चुकी थी। भारत में सबसे ज़्यादा तादाद में पाये जाने वाले व्हाइट रैंपेड गिद्धों की आबादी का 90 फ़ीसदी से ज़्यादा हिस्सा 1993 से 2002 के बीच समाप्त हो गया। आठ करोड़ की आबादी वाली गिद्ध प्रजाति घटकर अब सिर्फ़ कुछ हज़ारों में रह गयी। यही हाल गिद्धों की अन्य प्रजातियों का भी था। किसी भी पक्षी की आबादी को हुआ यह सबसे तेज़ नुक़सान था। प्रकृति के सफ़ाईकर्मियों के समाप्त होने की सड़ांध पर्यावरण में फैलने लगी। आख़िर गिद्धों के साथ हुआ क्या है, वे ख़त्म क्यों होते जा रहे हैं, इस बात की पड़ताल बड़ी तेज़ी से शुरू हुई। आख़िर तमाम रिसर्च के बाद वर्ष 2003 में इस बात का खुलासा हुआ है कि गिद्धों के इस संहार के पीछे पशुओं को दी जाने वाली एक दवा डायक्लोफ़िनॉक की विशेष भूमिका है।

पशुओं की बीमारियों में डायक्लोफ़िनॉक दवा का इस्तेमाल वर्ष 1990 के आस–पास शुरू हुआ। पशुओं में पाये जाने वाले कुछ प्रकार के बुख़ार, दर्द व अन्य बीमारियों में इस दवा का इस्तेमाल प्रमुखता से किया जाता रहा है। इस दवा के ज़रिये उपचार किये जाने के बाद भी कई बार पशुओं की जान बचानी मुश्किल हो जाती है। विशेषज्ञों ने पाया कि ऐसे पशुओं का मांस खाने के बाद गिद्ध उन्हें हजम नहीं कर पा रहे हैं और उनकी मौत हो जा रही है। इस दवा पर प्रतिबन्ध लगाने के लिए तुरन्त ही आवाज़ें उठाई जाने लगीं। यहाँ तक कि मार्च 2006 में भारत में इस दवा को पशुओं के इस्तेमाल के लिए प्रतिबन्धित कर दिया गया। इसी वर्ष अगस्त माह में नेपाल ने भी इस दवा के पशुओं में इस्तेमाल पर रोक लगा दी। इसके बाद पाकिस्तान ने भी ऐसा ही क़दम उठाया। डायक्लोफ़िनॉक दवा का इस्तेमाल अभी भी इन्सानों की बीमारियों में किया जाता है और यह एक प्रचलित दर्द निवारक है, लेकिन पशुओं में इनके इस्तेमाल पर प्रतिबन्ध है। हालाँकि, अभी भी यह कई जगहों पर चोरी–छिपे या फिर जानकारी के अभाव में पशुओं की बीमारियों में इस्तेमाल किया जा रहा है।

चिकित्सा विज्ञानियों ने पशुओं की बीमारियों के लिए डायक्लोफ़िनॉक जैसी ही असर वाली एक दवा मेलोक्सीकैम का निर्माण किया है। यह दवा अपने असर में पुरानी दवा जैसी ही है, लेकिन इस दवा का इस्तेमाल करने वाले पशुओं का मांस खाने से गिद्ध की सेहत पर कोई ख़ास असर नहीं पड़ता।

हालाँकि, विशेषज्ञों के इस खोज तक पहुँचते–पहुँचते गिद्धों की आबादी को भरपाई न हो सकने वाला नुक़सान हो चुका था। प्रकृति में भी इसके दुष्परिणाम सामने आने लगे। कुछ नुक़सान तो ऐसे हैं जिनका ख़ामियाजा भारी पैमाने पर आदमी को भुगतना पड़ रहा है। गिद्ध प्रकृति की सफ़ाई के लिए ही बने हुए थे। हज़ारों साल के विकास क्रम ने उनके शरीर को इस तरह से गढ़ा हुआ था कि वे सड़े–गले मांस में पैदा होने वाले हानिकारक तत्त्वों को पचाने में भी सक्षम थे। वे इन तत्त्वों को पर्यावरण में घुलने से रोक देते थे और उन्हें पोषक तत्त्वों में तब्दील कर देते थे, लेकिन गिद्धों की आबादी सिमटने के

साथ ही पशुओं की लाशें यूँ ही पड़ी रहने लगीं। इन लाशों पर सियार या गीदड़ जैसे जानवर हाथ साफ़ करने लगे। इसके चलते सियारों की आबादी में बड़ी तेज़ी से बढ़ोतरी होने लगी। इतनी बहुतायत में मांस की उपलब्धता से उनकी जीवन प्रत्याशा बढ़ गयी और उनके फलने–फूलने के मौक़े बढ़ते गये। गाँवों व उनके आस–पास के लोग अक्सर ही सियारों की आबादी में बेतहाशा बढ़ोतरी होने की शिकायतें करते हैं। यहाँ तक कि मांस की प्रचुर मात्रा से इनकी सेहत में भी सुधार हुआ और इनका स्वभाव भी पहले से ज़्यादा आक्रामक हुआ है। इसके चलते आदमियों के साथ इनकी मुठभेड़ की घटनाएँ भी बढ़ी हैं। एक ज़माने में जहाँ इन्सान को दूर से देखते ही ये दुम दबाकर दूर भाग जाते थे, यहाँ तक कि डरपोक होने को ही गीदड़ स्वभाव मान लिया जाता था, वहीं अब इन पर लोगों की मौजूदगी का असर नहीं हो रहा है और वे पहले के मुक़ाबले में ज़्यादा बड़े झुण्डों में ख़ुद को संगठित करने लगे हैं।

विशेषज्ञों का मानना है कि गीदड़ों की तरह ही चूहे भी पशुओं की इन लाशों पर हाथ साफ़ कर रहे हैं, लेकिन गीदड़ और चूहे यह काम गिद्धों जितनी सफ़ाई से नहीं कर पा रहे हैं। गिद्ध जहाँ हानिकारक तत्त्वों को पचा लेते थे, वहीं गीदड़ और चूहे के लिए ऐसा कर पाना सम्भव नहीं हो पा रहा है। इसके चलते वे ख़ुद भी बीमार हो रहे हैं और अपनी इन्हीं बीमारियों को मनुष्यों में भी फैला रहे हैं। गीदड़ों में रेबीज जैसी बीमारियों की संख्या बढ़ रही है। मनुष्य को काटकर वे यही बीमारी इन्सानों में भी पहुँचा देते हैं। एक अनुमान के मुताबिक़ इन सब बीमारियों से निपटने में देश को हर साल सौ करोड़ से ज़्यादा की रक़म ख़र्च करनी पड़ती है। ध्यान से देखें तो ये वहीं बीमारियाँ हैं जो गिद्धों के नहीं होने के चलते पनप रही हैं। यानी गिद्धों के नहीं होने से हमारे देश के बजट को हर साल सैकड़ों करोड़ रुपये का चूना लग रहा है।

यही कारण है कि गिद्धों की आबादी के संरक्षण के लिए तमाम जगहों पर कार्यक्रम चलाये जा रहे हैं। मानव के संरक्षण में उनके प्रजनन कार्यक्रम चलाये जा रहे हैं। प्रजनन के बाद उन्हें उनके

वास्तविक पर्यावास में छोड़ा जा रहा है। ताकि, वे ज़्यादा–से–ज़्यादा बड़ी संख्या में भारत के आसमान में फिर से छा जायें। ताकि वे एक बार फिर से अपने सफ़ाई के काम में जुट जायें। और हाँ, गिद्धों की जो इमेज हमेशा खलनायकों जैसी रही है, यह भी बताया जा रहा है गिद्ध प्रकृति में खलनायक नहीं, बल्कि सबसे बड़े नायकों में शामिल हैं। उनके होने से ही हमारा होना बना हुआ है।

डोडो की कहानी : प्रकृति चुकाती है क़ीमत

किसी भी प्राणी के विलुप्त होने की क़ीमत पूरी प्रकृति को चुकानी पड़ती है, क्योंकि कोई भी जीव प्रकृति में अलग–थलग नहीं है। हर कोई प्राणी पूरे पारिस्थितिकी तन्त्र का एक महत्त्वपूर्ण हिस्सा होता है। वह एक ख़ास भूमिका अदा करता है। पारिस्थितिकी का चक्र चलता रहे, इसके लिए ज़रूरी होता है कि जैसे अन्य कलाकार अपनी भूमिका अदा कर रहे हैं, वैसे ही वह भी अपनी भूमिका अदा करता रहे। इसलिए जब भी बीच की कोई कड़ी लुप्त होती है तो इसका असर पूरे पारिस्थितिक तन्त्र पर पड़ता है। पूरा चक्र गड़बड़ा जाता है। तन्त्र उस कड़ी की बार–बार खोज करने लगता है जो ग़ायब हो गयी है, इसमें कई बार तो पूरा का पूरा तन्त्र ही अपना अस्तित्व खोने लगता है।

डोडो की कहानी भी कुछ ऐसी ही है। डोडो एक ख़ास क़िस्म का पक्षी हुआ करता था। मॉरीशस का नाम हमारे लिए जाना–पहचाना है। हिन्द महासागर में मौजूद यह एक छोटा–सा द्वीप है, लेकिन हमारे लिए इसका महत्त्व इसके आकार से कहीं ज़्यादा है। एक ज़माने में भारत से बड़ी संख्या में एग्रीमेंट कराकर यहाँ पर मज़दूर ले जाये गये। एग्रीमेंट शब्द ही बाद में बिगड़कर गिरमिट हो गया। इसके चलते इन्हें गिरमिटिया मज़दूर कहा जाता है। वे बाद में वहीं पर बस गये। विदेशी सत्ता के जाने के बाद मॉरीशस की समाज व्यवस्था और अर्थ व्यवस्था में पुराने गिरमिटिया मज़दूरों का महत्त्वपूर्ण योगदान हो गया। आज भी यहाँ पर भारतीय मूल के लोगों की बड़ी आबादी है। यहाँ तक कि भारतीय मूल के लोग यहाँ पर सर्वोच्च

राजनीतिक पदों तक भी पहुँच चुके हैं। डोडो नामक पक्षी इसी द्वीप पर पाया जाता था, लेकिन यह भारतीय लोगों के यहाँ पहुँचने के बहुत पहले की बात है।

यूरोप के लोगों के लिए एक ज़माने में मसालों का बड़ा महत्त्व था। ये मसाले भारत, श्रीलंका जैसे देशों में भरपूर मात्रा में मिलते थे। इसके चलते भारत तक पहुँचने के समुद्री रास्ते की खोज में तमाम व्यापारी अपने जहाज़ियों को साथ लेकर निकलते रहे हैं। हमें पता है कि ऐसा ही एक व्यापारी भटककर अमेरिकी महाद्वीप पहुँच गया था। बाद में ऐसा ही एक व्यापारी किसी तरह से भारत पहुँचा था। उसका नाम वास्कोडिगामा था। मारीशस भारत तक पहुँचने के जहाज़ियों के इसी रास्ते में पड़ता था। वर्ष 1504 में पुर्तगाली यहाँ पर पहली बार पहुँचे। उससे पहले यहाँ पर किसी मानव प्रजाति के पहुँचने की कोई जानकारी नहीं है। इस द्वीप पर स्तनपायी जानवर नहीं थे। पक्षियों की यहाँ पर कई प्रजातियाँ रहती थीं और उनकी तादाद भी बहुत ज़्यादा थी। इन्हीं में एक पक्षी डोडो भी था। यह पक्षी फल, उनके बीज और फलियाँ आदि खाता था। चूँकि डोडो का शिकार करने वाला कोई भी प्राणी वहाँ पर नहीं था इसलिए वह ख़ूब फल–फूल रहा था। उसका वजन 20 किलोग्राम तक होता था। ख़ूब खाने वाला यह पक्षी उड़ना भी भूल चुका था। वह ज़मीन पर ही रहता, ज़मीन पर ही अण्डे देता और ज़मीन पर गिरे फलों और गिरियों को खाता था। ताज़े मांस के लिए पुर्तगाली इस पक्षी का शिकार करने लगे।

कुछ ही सालों में मसालों के कारोबार में लगे जहाज़ियों के लिए यह द्वीप एक महत्त्वपूर्ण पड़ाव बन गया।

इधर से गुज़रने वाले जहाज़ यहाँ पर आराम करने के लिए रुकने लगे। यूँ तो सफ़र करने से पहले ही जहाज़ पर कई दिनों की रसद रख ली जाती थी, लेकिन डोडो के रूप में यहाँ पर जहाज़ियों और व्यापारियों को ताज़े मांस का एक स्रोत दिखायी पड़ा। इसके बड़े आकार के चलते भी मांस का लालच बढ़ जाता था। बड़े पैमाने पर डोडो का शिकार किया गया। स्थिति और ख़राब तब हो गयी जब डच लोग इस द्वीप को अपने क़ैदियों को सज़ा देने के लिए इस्तेमाल

करने लगे। इस द्वीप पर निर्वासन में भेजे जाने वाले क़ैदियों के साथ ही यहाँ पर पहली बार सुअर और बन्दर जैसे जानवर पहुँचने लगे। जबकि जहाज़ों में लुके–छिपे चूहे भी यहाँ पर बड़ी संख्या में जैसे–तैसे पहुँच गये।

इन जानवरों ने भी डोडो की आबादी नष्ट करना शुरू कर दिया। मॉरीशस में बेहद निश्चिन्त जीवन बिताने वाले डोडो के घोंसले ज़मीन पर ही हुआ करते थे, लेकिन सुअर और चूहे इनके अण्डों को नष्ट करने लगे। उनके घोंसले बर्बाद हो जाते थे। पहली बार पुर्तगालियों के द्वीप पर पहुँचने के सौ साल के भीतर ही मॉरीशस से डोडो लगभग ग़ायब से हो गये। माना जाता है कि अन्तिम डोडो पक्षी का शिकार वर्ष 1681 में कर दिया गया। इसके बाद डोडो पूरी तरह से विलुप्त हो गये। इनके कोई फ़ोटोग्राफ़ भी नहीं हैं। उस समय बनाई गयी तस्वीरों के आधार पर ही इन्हें जाना जाता है। इन पक्षियों का कोई नमूना भी सुरक्षित नहीं बचा है।

बर्बादी की यह कहानी केवल डोडो पक्षियों तक सीमित नहीं रही। मॉरीशस के घने जंगलों को जल्द ही चाय के बागानों और गन्ने के खेतों में तब्दील कर दिया। घने जंगल काट डाले गये। एक समय जहाँ मॉरीशस में पक्षियों की 45 प्रजातियाँ पायी जाती थीं, उनमें से केवल 21 प्रजातियाँ ही अपना जीवन बचाने में सफल हो पायीं।

लेकिन, डोडो पक्षी की कहानी 1681 में पूरी तरह से ख़त्म नहीं हो गयी थी। अन्तिम डोडो तो मार दिया गया था, लेकिन उससे होने वाले नुक़सानों का पूरा ऑक़लन अभी बचा था। अभी हाल के कुछ वर्षों में एक वैज्ञानिक ने अपने अध्ययनों में पाया कि मॉरीशस में पाया जाने वाला एक ख़ास तरह का पेड़ अब नहीं उग रहा है। उस प्रजाति के दरख़्तों की संख्या अब केवल 13 ही रह गयी है। सभी पेड़ों की उम्र 300 साल के लगभग हो चुकी थी। इन पेड़ों की आयु भी 300 साल के लगभग ही होती है। इसलिए जल्द ही वे 13 पेड़ भी मरने वाले थे, लेकिन उनके बदले में नये पेड़ नहीं उग रहे थे। वैज्ञानिक ने शोध में पाया कि वर्ष 1600 के बाद से उस प्रजाति के नए पेड़ नहीं उगे हैं। इसके बाद से ही उस समय हुए प्राकृतिक

और जैविक परिवर्तनों पर ग़ौर किया जाने लगा। वैज्ञानिकों ने पाया कि यह वही समय था जब डोडो पक्षी भी विलुप्त होता गया था।

अपने अध्ययन में वैज्ञानिकों ने पाया कि डोडो इस पेड़ के फलों को खाता था। इसके बाद वह उसके बीजों को अपनी बीट के ज़रिये निकाल देता था। फलों के बीज पर एक ख़ास तरह की परत चढ़ी रहती थी। डोडो का पाचन तन्त्र इस परत को पचा लेता था। इसके चलते उसकी बीट से निकलने वाले बीजों में से पौधे के अंकुर निकल आते थे, लेकिन डोडो के समाप्त होने के बाद बीज के ऊपर चढ़ी इस परत को हटाने वाला कोई तन्त्र नहीं रहा। इसके चलते उसमें से अंकुर नहीं निकल पाते थे और धीरे–धीरे नये पौधे ही उगना बन्द हो गये। इसके चलते उन पेड़ों के भी समाप्त होने का पूरा ख़तरा पैदा हो गया।

उसी समय इन पेड़ों को बचाने की मुहिम नये सिरे से शुरू हुई। पारिस्थितिक तन्त्र में डोडो की भूमिका भी नये सिरे से परिभाषित करने की शुरुआत हुई। कुछ विशेषज्ञों ने डोडो वाली भूमिका के लिए टर्की मुर्गे का चुनाव किया। इस मुर्गे को इस पेड़ के फलों को खिलाया गया। इसके बाद बीट में निकले बीजों को रोपा गया तो उनमें अंकुर निकलने लगे। इस तरह से पेड़ की इस प्रजाति को बचाने में विशेषज्ञों को काफ़ी हद तक कामयाबी मिली है। लेकिन, डोडो की इस कहानी से समझा जा सकता है कि प्रकृति के तन्त्र में हर जीव की अपनी भूमिका है। एक कड़ी के गुम होने पर दूसरी कई कड़ियों पर संकट के बादल मँडराने लगते हैं। आज इस पेड़ को डोडो ट्री के नाम से ही जाना जाता है। पेड़ के इस नामकरण में ही किसी जीव के विलुप्त होने से पैदा हुए नुक़सान के संकेत छिपे हुए हैं।

परिस्थितिक तन्त्र में किसी एक जीव का प्रभाव दूसरे जीव पर ज़रूर पड़ता है। चाहे वह जीव उसका शिकारी हो या फिर उसका शिकार। धरती पर चीते सबसे तेज़ दौड़ते हैं। यह बात तो सभी लोग जानते हैं, लेकिन धरती पर चीते के बाद दूसरे नम्बर का धावक कौन है। कौन है जो चीते की चपलता को भी कभी–कभी मात देने में सक्षम साबित हो सकता है। अमेरिका में एंटीलोप (हिरनों) की एक ख़ास

प्रजाति प्रोंगहार्न पायी जाती है। ये ख़ास क़िस्म के हिरन अपनी दौड़ से सभी को मीलों पीछे छोड़ देते हैं। चीता लगभग 113 किलोमीटर प्रति घण्टे की रफ़्तार तक दौड़ लगा सकता है। लेकिन, चीते की यह रफ़्तार बस केवल कुछ सौ मीटर तक ही बनी रहती है। इसके बाद उसे रुक जाना पड़ता है, लेकिन, प्रोंगहार्न लम्बी दूरी का तेज़ धावक है। वह लगभग 90 किलोमीटर प्रति घण्टे तक की रफ़्तार से दौड़ सकता है। यही नहीं वह लगभग छह किलोमीटर तक अपनी तेज़ दौड़ को बनाये रख सकता है। उसकी दौड़ के सामने टिकने वाला अमेरिका में कोई भी जानवर नहीं है।

इसके चलते अमेरिका के वन्य जीव विज्ञानी उसकी रफ़्तार को लेकर अक्सर ही आश्चर्य प्रकट किया करते थे। अपने शिकारी से आगे निकलना सभी खुरवाले शाकाहारी जानवरों की कोशिश होती है, लेकिन, जब अमेरिका में इतनी तेज़ खदेड़ने वाला कोई जानवर ही मौजूद नहीं है तो फिर इतनी तेज़ भागने की आख़िर प्रोंगहोर्न को ज़रूरत क्या पड़ी, लेकिन हाल ही में हुए शोधों से पता चला कि आज भले ही प्रोंगहोर्न को इसकी ज़रूरत नहीं है। लेकिन, उसके पूर्वजों के पास जान बचाने के लिए इसके अलावा और कोई साधन भी नहीं था। लगभग दस हज़ार साल पहले अमेरिका में भी चीते जैसी एक बड़ी बिल्ली रहा करती थी। इसकी रफ़्तार भी चीते की तरह ही तेज़ हुआ करती थी। उससे बचने के लिए प्रोंगहार्न को तेज़ दौड़ लगानी पड़ती थी। इसके चलते उनकी आज की पीढ़ी भी उसी तेज़ रफ़्तार से दौड़ लगाती है। शिकारी कब का ख़त्म हो गया, लेकिन, शिकार के अन्दर उसका भय आज तक ज़िन्दा है।

क्या शेर और चीता विदेशी जानवर हैं

"शेर पर सवार होकर आ जा शेरावालिये।" यह एक ऐसे भजन की पंक्तियाँ हैं, जिन्हें हिन्दू धार्मिकों में से ज़्यादातर ने कहीं–न–कहीं ज़रूर सुना होगा। शेरावाली माता का यह रूप शेर पर सवार है। महिषासुर मर्दिनी यानी माँ दुर्गा भी शेर पर सवार होकर ही अपने हथियारों से महिषासुर का वध करती हैं। यह एक ऐसा रूप है जो तमाम चित्रों में दिखाया जाता है। इसके अलावा भी हिन्दू धार्मिक प्रतीकों में शेर का इस्तेमाल बहुतायत में होता हुआ दिखायी देता है। जातक कथाओं की भी एक कहानी में तुरन्त शिक्षा पूरी करके निकले चार युवक शेर के अवशेषों से उसे ज़िन्दा कर देते हैं। जबकि, ऐसी कहानी कही जाती है कि शकुन्तला के पुत्र भरत भी शेर के दाँत गिना करते थे। इन्हीं भरत के नाम पर माना जाता है कि भारत का नाम पड़ा।

इसके बावजूद एक सवाल ऐसा है जिस पर बहुत ही गहराई से ग़ौर किये जाने की ज़रूरत है। क्या शेर और चीता विदेशी जानवर हैं, जो यहाँ पर बाहर से आने वालों के साथ आये और अलग–अलग परिस्थितियों के चलते जंगलों में बस गये। भारत के जंगलों को उन्होंने अपना लिया और यहीं पर फलने–फूलने लगे।

जी हाँ, हाल के दिनों में शेर और चीते के मूल को लेकर कुछ इसी तरह के चौंकाने वाले सवाल उठाये गये हैं। इसके चलते शेर और चीते के भारतीय मूल को लेकर पर्यावरणवादियों और वन्य जीव विशेषज्ञों में दो अलग–अलग धाराएँ देखने को मिलती हैं। ज़ाहिर है कि एक धारा इन दोनों बड़ी बिल्लियों को भारत के प्राचीन जानवरों में शामिल करती है जबकि दूसरी धारा इनके बाहर से लाकर यहाँ

पर बसाये जाने की बात कहती है। हालाँकि, अभी पूरी तरह से यह नहीं कहा जा सकता है कि इन दोनों धाराओं में निश्चित तौर पर सच्चाई किसके साथ है।

शेर और चीते के विदेशी मूल का सवाल उठाने वाले विशेषज्ञ भारत के प्राचीन इतिहास से कई ऐसे तथ्य प्रकट करते हैं, जिनका जवाब खोजा जाना अभी बाक़ी है। इन विशेषज्ञों का कहना है कि प्राचीन भारत में शेर और चीते के निशान नहीं मिलते। न तो प्राचीन साहित्य में इनका ज़िक्र है और न ही प्राचीन काल की वस्तुओं में ही इनका उल्लेख किया हुआ मिलता है। गुफा चित्रों में इन्सान ने अपने समय के जानवरों का बख़ूबी ज़िक्र किया है। इसके आधार पर यह निष्कर्ष निकाले जाते हैं कि उस समय कौन–कौन से जानवर रहा करते थे। जैसे कि फ़्रांस की एक प्रसिद्ध गुफा के भित्ति चित्रों से पता चलता है कि उस समय वहाँ पर शेर, घोड़े, मैमथ और राइनो यानी गैंडे जैसे जानवर हुआ करते थे और इन्सानों के साथ उनका लगातार टकराव होता था। ज़्यादातर मामलों में इन्सान इनका शिकार भी करते थे, लेकिन भारत में इस तरह के गुफा चित्रों की कमी दिखायी पड़ती है। जो हैं भी उनमें शेर और चीते जैसे जानवरों का उल्लेख नहीं मिलता है।

इसी तरह से, हड़प्पा सभ्यता के पुरातात्विक अवशेषों में भी इन दोनों जानवरों के निशान नहीं हैं। जबकि, बाघ, बैल और राइनों (गैंडा) जैसे जानवरों के निशान हड़प्पा सभ्यता के शहरों से पायी गयी प्राचीन वस्तुओं में मिलता है। इन विशेषज्ञों का दावा है कि मिस्र, मेसोपोटामिया और फ़ारस के प्राचीन मूर्तिशिल्पों में शेर मौजूद है, लेकिन भारत में मिली शेरों की इस तरह की मूर्तियाँ अपेक्षाकृत काफ़ी बाद की हैं। शेरों के भारत में आगमन के विषय में उनका अनुमान है कि सम्भवतः सिकन्दर व अन्य यूनानी आक्रमणकारियों के साथ ही शेर की छवि भारतीय जनमानस तक पहुँचती है। प्राचीन भारत में अशोक ने अपने चिह्नों में शेर की छवि का प्रयोग किया है। इसके पीछे कारण यह रहा है कि शेर जैसे शक्तिशाली जानवर को हमेशा ही राजसी या शाहाना माना जाता है। इसके चलते उसे राज्य

की ताक़त या सत्ता के साथ जोड़ा जाता रहा है। पुराने राजा और बादशाह शेरों के साथ अपनी शक्ति को जोड़कर देखते थे। इसी के चलते शेरों की छवियों और आकृतियों का प्रयोग तमाम राजसी प्रतीक चिह्नों में किया जाता था।

हालाँकि, ऋग्वेद में किसी एक जगह पर शेर की दहाड़ का उल्लेख किया गया है, लेकिन माना जाता है कि ऋग्वेद की ऋचाएँ अलग–अलग कालखण्ड में जोड़ी गयी हैं। जबकि, ऋग्वेद लिखे जाने के स्थान को लेकर भी अलग–अलग मत हैं। यह बैक्ट्रिया से लेकर भारत के पंजाब प्रदेश तक का एक इलाक़ा माना जाता है। इसलिए विशेषज्ञों का कहना है कि अगर ऋग्वैदिक काल के हमारे किसी पुरखे ने शेर की दहाड़ सुनी भी थी और उसका उल्लेख भी किया था तो यह नहीं कहा जा सकता है कि यह वर्तमान भारत के किसी हिस्से का ही ज़िक्र है और भारत के जंगलों में शेर बहुतायत में घूमा–फिरा करते थे। जबकि, बाघों के बारे में इस तरह के प्राचीन साक्ष्य मौजूद हैं, जो यह सिद्ध करते हैं कि बाघ भारत के पुराने जानवरों में शामिल हैं।

इन विशेषज्ञों का मानना है कि सिकन्दर के आगमन के बाद के भारत में अफ्रीका से शेर लाने की एक प्रक्रिया शुरू होती है। इन शेरों को राजा अपने जंगलों में रखते थे। इनका शिकार करके राजा अपनी शक्ति और सत्ता को आम लोगों के बीच भी स्थापित करता था। इसी तरह से चीतों को भी भारत लाया गया। शेर जहाँ राजा की शक्ति के प्रतीक थे तो चीते राजा के सहचर और सहयोगी माने जाते थे। भारत में मुग़ल साम्राज्य के स्थापित होने के साथ ही इस प्रक्रिया में भारी तेज़ी आयी। मुग़ल बादशाहों और नवाबों द्वारा एक–दूसरे को उपहार में चीते दिये जाते थे। इन चीतों को प्रशिक्षित करके शिकार में इनका प्रयोग किया जाता था। इसी के चलते कुछ विशेषज्ञों का कहना है कि अकबर की शिकारगाह में नौ हज़ार के लगभग चीते थे। जबकि, कुछ विशेषज्ञ एक हज़ार चीते होने की बात कहते हैं। हालाँकि, इतनी बड़ी संख्या में चीतों के होने और उन्हें प्रशिक्षित करने के लिए आवश्यक ढाँचे को लेकर संशय जताया जाता रहा है। इसके

चलते इतनी बड़ी संख्या में चीतों को अपनी शिकारगाह में रखने के तथ्य पर उँगलियाँ भी उठाई जाती हैं।

शेर और चीते को विदेशी मूल का जानवर मानने वाले विशेषज्ञों का कहना है कि भारत में लाये जाने, उन्हें प्रशिक्षित करने और शिकार के लिए उनका प्रयोग करने के दौरान बहुत सारे शेर और चीते किसी तरह से बचकर जंगलों में भाग गये। यही भागे हुए जानवरों ने भारतीय जंगलों को अपना लिया और यहाँ के जानवरों की तरह ही रहने लगे। अपनी बात के समर्थन में ये विशेषज्ञ शेरों में मौजूद आनुवाशिंकीय विविधता की कमी का सहारा भी लेते हैं। उनका कहना है कि बाहर से आने के चलते इन जानवरों में आनुवांशिक विविधता बेहद कम है।

हालाँकि, शेर और चीते को बाहरी जानवर मानने की धारा को निर्णायक सफलता नहीं मिली है। दूसरी धारा के विशेषज्ञ आनुवांशिक विविधता के ज़रिये भारतीय शेरों और चीतों को अफ्रीकी शेर और चीतों की दूसरी प्रजाति मानते हैं। इसी के अनुसार दोनों जानवरों की शारीरिक ख़ासियतों में भी कुछ बारीक़ अन्तर हैं। यह इसी तरह से है जैसे अफ्रीका में भी हाथी पाये जाते हैं और भारत में भी, लेकिन अलग–अलग प्रजातियों की अपनी ख़ासियतें और गुण उनमें मौजूद हैं। भारत में पाये जाने वाले शेरों को एशियाई शेर और चीतों को एशियाई चीते कहा जाता है। प्रजातियों की शारीरिक ख़ासियतों में अन्तर इतने कम समय में पैदा नहीं होते। इनके बनने में हज़ारों साल के जैव विकास की भूमिका होती है। इसलिए अगर सिकन्दर के बाद शेर और चीतों का भारत में आगमन हुआ है तो इनकी अलग उपप्रजातियाँ विकसित होने के लिए यह बेहद कम समय है।

जबकि, कई गुफा चित्रों में इस तरह के जानवर की आकृतियाँ मिलती हैं, जिसे चीता कहा जा सकता है। भारत में मध्य एशिया और फ़ारस के अलग–अलग हिस्सों से आने वाले हमलावर चीते को पहले से पहचानते थे। मुहम्मद गोरी ने 1200 के लगभग युज का ज़िक्र किया है। चीते को फ़ारस में युज कहा जाता था। मुग़ल शासक चीते को साथ लेकर शिकार करने की कला को पहले से ही जानते थे। भारत में मुग़ल शासन स्थापित होने के साथ ही चीते को एक–दूसरे

को उपहार में देने का चलन शुरू हो गया। 1555 में अकबर को एक चीता उपहार में मिलने की बात का ज़िक्र किया गया है। उस समय अकबर की उम्र 13 साल की थी। अकबर के बेटे जहाँगीर को भी चीता पालना और उसको साथ लेकर शिकार करना पसन्द था। उसने अपने पिता के समय में चीते के पाले जाने का ज़िक्र भी किया है।

चीते भारत के हैं या फिर अफ्रीका के, इसे सिद्ध करने के लिए पेंटिंग्स के तथ्यों का भी सहारा लिया जाता है। ऐसा माना जाता है कि भारतीय चीते की पूँछ का अन्तिम सिरा काला होता था, जबकि, अफ्रीकी चीते की पूँछ का अन्तिम सिरा सफ़ेद होता है। मुग़ल काल में बनाई गयी 89 पेंटिंग्स में से 67 में चीते की पूँछ का अन्तिम सिरा काला दिखाया गया है। सफेद पूँछ के सिरे बाद के पेंटिंग्स में दिखना शुरू होते हैं। वन्यजीव विशेषज्ञों का कहना है कि ख़ासतौर पर बीसवीं सदी के शुरुआत से ही जब चीतों की संख्या में कमी आने लगी और जंगलों में उनका दिखना मुश्किल होने लगा तो शिकार के शौक़ीन रजवाड़े और नवाब अफ्रीका से चीता मँगाने लगे। वर्ष 1918 से 1945 के बीच इस तरह से 200 के लगभग चीतों को अफ्रीका से भारत लाये जाने का ज़िक्र मिलता है। उस समय भारतीय अर्थव्यवस्था की साख भी बाहर से चीता लाये जाने में मददगार थी। 1940 में एक डॉलर की क़ीमत 3.31 रुपये थी। आज एक डॉलर की क़ीमत 70 रुपये के लगभग बैठती है। इसलिए उस समय के हिसाब से देखें तो चीते को बाहर से मँगाना राजा और नवाबों को इतना भी महँगा नहीं लगता था।

दूसरा, जीवों और जानवरों की कई प्रजातियाँ मूल रूप में अफ्रीका में विकसित हुईं और वहीं से उनका दुनिया के अन्य हिस्सों में फैलाव हुआ। यहाँ तक कि इन्सानों के पूर्वजों का भी सबसे पहला निवास अफ्रीका में होने की बात कही जाती है और माना जाता है कि यहीं से उनका फैलाव पूरी दुनिया में हुआ, लेकिन यह हज़ारों साल लम्बी प्रक्रिया थी, जिसमें मानवों के अलग–अलग पूर्वजों ने अलग–अलग नस्लों को जन्म दिया और आज वे नस्लें दुनिया के अलग–अलग हिस्सों में दिखायी भी पड़ती हैं। इसलिए शेर और चीते

भारत में अफ्रीका से आये हैं, इस पर कोई मतभेद नहीं है। विवाद उनके आने के समय को लेकर है। मसलन, शेर और चीते भारत में दो हज़ार साल पहले आये हैं या फिर वे तीस से लेकर अस्सी हज़ार साल पहले ही भारत आ गये थे और भारतीय जंगलों के हिसाब से उन्होंने अपने आप को ढाल लिया था। इस सवाल का जवाब भारत के साथ–साथ दुनिया के विशेषज्ञ भी ढूँढ़ने में लगे हुए हैं।

जंगल पर क़ब्ज़े के लिए छिड़ा है युद्ध

हमारे लिए शहरों, क़स्बों और गाँवों की जो अहमियत है, ठीक वैसी ही अहमियत वन्य जीवों के लिए जंगल की है। जंगल उनका घर है। वहाँ वे सबसे ज़्यादा सहज रहते हैं। वहीं वे फलते–फूलते हैं और वहीं पर ख़त्म हो जाते हैं। ज़ाहिर है जंगल उनके अस्तित्व की, जीने की प्राथमिक शर्त है। अगर जंगल नहीं होंगे तो वन्य जीव भी नहीं बच सकेंगे। जंगलों पर क़ब्ज़े की यह लड़ाई इन्सान और जानवर के बीच लगातार तेज़ होती जा रही है।

पूरी दुनिया में ही पिछले सौ सालों में जितनी तेज़ी से शहरीकरण हुआ है और इन्सानों की आबादी बढ़ी है, उतनी इतिहास में पहले कभी भी नहीं हुई थी। इसके साथ–साथ ज़्यादा–से–ज़्यादा ज़मीन पर खेती की भी शुरुआत हुई है। इन्सान ने जंगलों को साफ़ करके ज़मीनों को खेती के योग्य बनाया है। सैकड़ों सालों से खड़े पेड़ इन्सान की इच्छा के आगे ज़मीन पर लौटने लगे हैं। हर दिन न जाने इस तरह के कितने दरख़्त धराशायी हो जाते हैं, जिन पर सैकड़ों हज़ारों जीव–जन्तुओं का जीवन निर्भर था। इमारती लकड़ी के लिए भी जंगलों को साफ़ करने की प्रक्रिया लगातार चल रही है। इसके चलते पूरी दुनिया में ही जंगल सिकुड़ते जा रहे हैं। यह बात भी क़ाबिलेग़ौर है कि प्राकृतिक तरीक़े से उगे जंगलों के मुक़ाबले में उद्यान और बागीचे कुछ भी नहीं है। प्राकृतिक वनों में पौधों और वनस्पतियों की विविधता होती है। इसी के अनुसार, उन पर निर्भर जीव–जन्तुओं की भी विविधता होती है, लेकिन जब इन्सान कहीं पर बागीचे लगाता है या उद्यान तैयार करता है तो वहाँ पर यह विविधता

नहीं होती। इसलिए, हज़ारों सालों के विकास क्रम में पैदा हुए वनों की भरपाई इन्सान द्वारा किये गये वृक्षारोपण से नहीं हो सकती है।

जंगल के जानवर अपने जीने की जगह के लिए इन्सानों के साथ लगातार टकराते रहे हैं। भारत के कई हिस्सों में इन्सानों पर जंगली जानवरों के हमले रोज़ की बात होते जा रहे हैं। हम लोग आमतौर पर इन्सानों पर हमलावर जानवर के तौर पर शेर, बाघ और तेंदुए जैसे हिंसक जानवर को सबसे ज़्यादा बदनाम मानते हैं, लेकिन हक़ीक़त यह है कि भारत भर में इन्सानों का सबसे ज़्यादा टकराव हाथियों के साथ होता है। शेर, बाघ और तेंदुए इन्सानों की उतनी जान नहीं लेते हैं, जितनी जानें हाथी लेते हैं। हालाँकि, समाचार माध्यमों से आबादी क्षेत्र में घुसने वाले तेंदुए की ख़बरें सबसे ज़्यादा सुर्खियाँ बटोरती हैं। वहीं, शेर और बाघ आमतौर पर इन्सानी आबादी वाले हिस्सों में घुसने से परहेज़ करते हैं। शेर और बाघ जैसे जानवर अगर घायल न हों और उन्हें शिकार की कमी नहीं हो तो वे इन्सान के पास भटकते नहीं हैं। इस मामले में तेंदुए का स्वभाव थोड़ा अलग होता है। इन्सानी आबादी के बीच घूमते हुए आवारा कुत्तों को शिकार बनाने की प्रवृत्ति कई जगहों पर तेंदुओं में लगातार देखी जा रही है।

हाथियों को अपना जीवन–यापन करने के लिए जंगल का एक बड़ा हिस्सा चाहिए होता है। इसी अनुसार हाथियों ने अपने आवागमन के रास्ते भी बनाये होते हैं। सदियों से पीढ़ी–दर–पीढ़ी हाथी उन्हीं रास्तों पर चलते हैं। लेकिन, वक़्त के साथ इन रास्तों पर इन्सानी बस्तियाँ बस गयीं। कहीं पर जंगल को साफ़ करके खेत बना लिए गये। कहीं पर सड़कें बन गयीं तो कहीं पर रेल लाइन बिछा दी गयी। इसके चलते हाथियों के आवागमन के पुराने मार्ग बाधित हो गये। हाथी अभी भी इन्हीं पुराने मार्गों से निकलने लगते हैं। तो इनके रास्ते में कहीं तो चाय के बड़े–बड़े बागान आ जाते हैं तो कहीं गन्ने और मक्के के खेत। गन्ना और मक्का जैसी फ़सलें हाथियों को पसन्द हैं। पोषक तत्त्वों से भरपूर इन फ़सलों को खाने के लिए हाथियों के झुण्ड उमड़ पड़ते हैं। अपनी फ़सल को बर्बाद होता देखकर लोग इन्हें भगाने की कोशिश करते हैं। इसमें हुए टकराव पर इन्सानों और

हाथियों दोनों की जान चली जाती है। वर्ष 2014–15 के आँकड़े बताते हैं कि भारत भर में हाथी और इन्सान के बीच हुए टकराव के चलते 391 लोगों की जान चली गयी। इसी दौरान 39 हाथियों को भी अपनी जान गँवानी पड़ी। हाथी और इन्सान के बीच सबसे ज़्यादा टकराव पश्चिम बंगाल और असम में हुआ। पश्चिम बंगाल में 89 और असम में 54 लोगों को हाथी के हमले में अपनी जान से हाथ धोना पड़ा। हालाँकि, उसके पहले के दो वर्षों में मरने वालों की संख्या इससे भी ज़्यादा रही। वर्ष 2013–14 में 413 इन्सान और 72 हाथी मारे गये। जबकि, 2012–13 में 422 इन्सान और 101 हाथियों की मौत हुई।

वहीं, फ़रवरी 2019 में संसद में पूछे गये एक सवाल का सरकार की ओर से दिये गये जवाब में भी इन्सान और गजराज के बीच चल रहे इस भीषण संघर्ष की तरफ़ इशारा मिलता है। बीते तीन सालों में 1713 इन्सान और 373 हाथियों की जान इस संघर्ष की भेंट चढ़ गयी। सबसे ज़्यादा हाथी बिजली का तार लगाकर मार दिये गये। तीन सालों में कुल 226 हाथी बिजली के करेंट से, 62 हाथी ट्रेन दुर्घटना में, 59 हाथी शिकारियों द्वारा और 26 हाथी ज़हर देकर मार दिये गये।

इन्सान और हाथी के बीच होने वाले टकराव से आर्थिक क्षति भी कम नहीं है। सरकार को हर साल करोड़ों रुपये फ़सलों के तबाह होने पर मुआवज़े के तौर पर या फिर मारे गये इन्सान के परिजनों को राहत पहुँचाने के लिए देने पड़ते हैं। पर्यावरण एवं वन मन्त्रालय के रिकॉर्ड के मुताबिक़ वर्ष 2014–15 में हाथियों से हुए टकराव पर क्षतिपूर्ति के तौर पर 34.52 करोड़ रुपये ख़र्च किये गये। जबकि, इससे पहले के वित्त वर्ष में यह 30.29 करोड़ रुपये रही थी।

एशियाई हाथियों के मामले में भारत की स्थिति बेहद महत्त्वपूर्ण है। अगर इस विशाल शाकाहारी जानवर को बचाना है तो भारत में इसके जीवन पर आने वाले संकटों को दूर करना होगा क्योंकि एशियाई हाथियों की सबसे बड़ी आबादी भारत में रहती है। एक अनुमान के मुताबिक़ जंगलों में एशियाई हाथियों की अब सिर्फ़ 40 से 50 हज़ार के लगभग आबादी ही बची है। इसमें से भी सत्ताइस हज़ार के लगभग एशियाई हाथी सिर्फ़ भारत में रहते हैं। इसलिए

भारत में इनके फलने–फूलने पर ही हाथियों का भविष्य टिका हुआ है। इसे देखते हुए भारत सरकार की ओर से प्रोजेक्ट एलीफेंट की भी शुरुआत की गयी है। इसके ज़रिये हाथियों के संरक्षण की तमाम परियोजनाएँ चलाई जा रही हैं। हाथियों के अप्रवास के रास्तों एवं उनकी प्रवृत्तियों का अध्ययन करके, उसके अनुसार योजनाएँ बनाई जा रही है। एक संस्थान ने हाथियों के अप्रवास के 88 रास्तों का पता लगाया है। ये वो रास्ते हैं, जिन पर से होकर हाथी सदियों से गुज़रते रहे हैं, लेकिन जंगलों के ख़ात्मे, इन्सानी बस्तियों के विस्तार, खेती के बढ़ते इलाक़ों, रेललाइनों और सड़कों के चलते सदियों के ये आवागमन मार्ग बाधित हो गये हैं। इसके चलते हाथी अपने रास्ते पर आसानी से नहीं जा पाते और इन्सानों के साथ लगातार उनका टकराव बढ़ता है।

हाथी के अलावा, बन्दर, नीलगाय, जंगली सुअर, सांभर जैसे शाकाहारी जानवरों के साथ भी इन्सानों का लगातार टकराव बढ़ रहा है। ये जानवर इन्सानों की फ़सलें बर्बाद कर देते हैं। बन्दरों के लिए तो इन्सानों की मौजूदगी का एक ही मतलब है कि इफ़रात खाना। खाने के आधिक्य के चलते वे अपने जंगलों को छोड़–छोड़कर इन्सानी बस्तियों में लगातार प्रवेश कर रहे हैं। जबकि, नीलगाय, जंगली सुअर, सांभर व अन्य हिरन इन्सान की हरी–भरी फ़सलों को देखकर ललचाते हुए खेतों में पहुँच जाते हैं और कुछ ही देर में खड़ी फ़सलें भी चट कर जाते हैं। इनके अलावा, जंगली कुत्ते, सियारों आदि के साथ भी इन्सानों के साथ लगातार टकराव होता है और इसमें कभी इन्सान की तो कभी जानवर की जान जाती है। इसलिए इन्सान के साथ होने वाले टकराव के लिए सिर्फ़ बड़े बिल्लों को ज़िम्मेदार नहीं ठहराया जा सकता है।

कोई जीव विलुप्त भी हो जाये तो क्या फ़र्क़ पड़ता है

पर्यावरण के संरक्षण की बात करने वालों को अक्सर ही एक सवाल का सामना करना पड़ता है कि विकास की दौड़ में अगर कोई जीव लुप्त भी हो जाता है तो क्या फ़र्क़ पड़ता है। आख़िर किसी जीव या जानवर को लुप्त होने से बचाने के लिए इतनी हाय–तौबा क्यों। जो भी जीवित रहने के क़ाबिल होगा उसका जीवन बचेगा, जो अपने आपको विकास के चलते होने वाले परिवर्तनों के मुताबिक़ ढाल नहीं पायेगा, वो ख़त्म हो जायेगा। करोड़ों सालों के विकास क्रम में ऐसा ही हुआ है और आगे भी ऐसा ही होता रहेगा। लाखों प्रजातियाँ पैदा हुईं और वक़्त के साथ अपनी भूमिका निभाकर लुप्त भी हो गयीं।

इस तरह के तर्क अक्सर ही दिये जाते हैं। इस तरह के तर्कों को पेश किये जाने के पीछे सबसे पहला कारण तो यही है कि यह मान लिया जाता है कि पृथ्वी और पर्यावरण के केन्द्र में इन्सान हैं। इन्सान को यह हक़ है कि वह पृथ्वी के प्राकृतिक संसाधनों को अपनी मनमर्ज़ी से इस्तेमाल करे। उसे जैसा चाहे रूप दे। चाहे तो उसे परिवर्धित करे, चाहे तो उसे नष्ट कर दे। इस अहंकार की परिणति आगे चलकर जिसकी लाठी उसकी भैंस जैसी हो जाती है। इस तरह तो जो देश जितना ज़्यादा ताक़तवर होंगे, वे अपना हक़ उतने ही ज़्यादा संसाधनों पर जतायेंगे और उस पर अपने क़ब्ज़े को सही साबित करने की भी कोशिश करेंगे।

हालाँकि, इस तरह के दृष्टिकोण को ठीक नहीं कहा जा सकता है। इस पृथ्वी पर जैसे हमारा जीवन महत्त्वपूर्ण है, उसी तरह से

अन्य जीव–जन्तुओं और वनस्पतियों को भी जीने का अधिकार है। बल्कि कहा जा सकता है कि पृथ्वी पर कई जीव–जन्तु ऐसे हैं जो पर्यावरण के लिए हमसे ज़्यादा बड़ी भूमिका अदा करते हैं। हम फिर मधुमक्खियों के पास वापस लौटेंगे। एक छोटी–सी मधुमक्खी का भी जीवन इतना महत्त्वपूर्ण है कि उसके बिना मानव जीवन और सभ्यताओं की कल्पना भी नहीं की जा सकती है।

आमतौर पर हम मधुमक्खियों को शहद के उत्पादन से जोड़ते हैं। शहद यानी वह मीठी चीज़ जो ऊर्जा से भरपूर होती है और जिसमें कई तरह के औषधीय गुण होते हैं या फिर मधुमक्खी के छत्ते से निकलने वाले मोम के लिए जानते हैं, जिनसे बनने वाली मोमबत्तियाँ ही कभी अँधेरे को दूर भगाने का मुख्य साधन हुआ करती थीं। तो कुछ लोग मधुमक्खियों को उस डंक के लिए भी याद करते हैं, जिससे तेज़ दर्द होता है और डंक लगने की जगह पर सूजन आ जाती है, लेकिन मधुमक्खियों की भूमिका सिर्फ़ इतनी नहीं है। मधुमक्खी इस प्रकृति में कुछ ऐसे काम करती हैं, जिनके बिना हमारा जीवन भी सम्भव नहीं है। एक अनुमान के मुताबिक़ हर तीसरा निवाला जो हम अपने मुँह में डालते हैं, उसके उत्पादन के पीछे मधुमक्खियों का योगदान है। मधुमक्खियाँ बड़े पैमाने पर पौधों का परागण करती हैं। वे पराग और मकरन्द इकट्ठा करने के लिए एक पौधे से दूसरे पौधे तक घूमती हैं। इस दौरान वे एक पौधे के पराग को दूसरे पौधे तक पहुँचाती हैं। इसी परागण से पौधों में सब्ज़ी, फल या बीज बनने की प्रक्रिया पूरी होती है। मधुमक्खियाँ इस काम को लाखों सालों से करती आ रही हैं। उनके ही चलते पेड़–पौधों की लाखों प्रजातियाँ फलती–फूलती रही हैं। माना जाता है कि लगभग ढाई लाख पौधों और वनस्पतियों की प्रजातियों में परागण का काम मधुमक्खियाँ करती हैं। अगर मधुमक्खियाँ यह काम करना छोड़ दें तो मनुष्य के लिए यह काम करना लगभग असम्भव है। यानी मधुमक्खियों के ख़त्म होने के साथ ही ढाई लाख पौधों की प्रजातियों पर संकट आ सकता है। ज़रा कल्पना कीजिए अगर ढाई लाख क़िस्म के पौधे समाप्त हो जायें तो कितने जंगल समाप्त हो जायेंगे, कितनी फ़सलें तबाह हो जायेंगी, कितने उद्यान

नष्ट हो जायेंगे। पूरी दुनिया की हरियाली ही समाप्त हो जायेगी और दुनिया का रंग धूसर या धूल भरा हो जायेगा। ज़ाहिर है ऐसी दुनिया में जीवित बचे रह पाना बहुत सारे जीव–जन्तुओं के लिए भी सम्भव नहीं होगा। इन्सान भी शायद ही अपना अस्तित्व बचा पाये। मधुमक्खियाँ हमारी प्रकृति की अनदेखे कृषि कर्मी हैं। उनके कृषिकर्म से ही फ़सलों का अस्तित्व टिका हुआ है। वे अनदेखे उद्यानकर्मी हैं। उनकी मेहनत के चलते ही सेब, सन्तरा, चीकू, अमरूद व तमाम फल हमारी थाली तक पहुँच पाते हैं। उनकी मेहनत पर ही गोभी, भिंडी, बैगन, लौकी जैसी तमाम सब्ज़ियाँ हमारे खाने में शामिल हो पाती हैं। मधुमक्खियाँ लगभग 90 फ़ीसदी तक उन फलों और सब्ज़ियों के पौधों का परागण करती हैं, जिन्हें हम अपने भोजन में इस्तेमाल करते हैं। खेती में इस मदद के लिए मधुमक्खियाँ हमसे कुछ प्रतिदान भी नहीं माँगतीं।

माना जाता है कि लगभग छह हज़ार साल पहले स्पेन में सबसे पहले मधुमक्खियों से मिलने वाले शहद का प्रयोग खाने के लिए किया जाने लगा। तब से ही इन्सान ने इस मीठी चीज़ के गुणों को पहचान लिया। इन्सान की ज़िन्दगी में प्रवेश करने वाली सम्भवतया यह सबसे पहली मीठी चीज़ रही हो। सिर्फ़ इन्सान ही नहीं भालू जैसे जंगली जानवरों को भी शहद का स्वाद बहुत भाता है। इसलिए मधुमक्खियों का जीवन इन्सानों के लिए ही नहीं जानवरों के जीवन के लिए भी बहुत महत्त्वपूर्ण है। मधुमक्खियों के स्वास्थ्य को इसीलिए पूरी पृथ्वी के ही स्वास्थ्य का संकेतक माना जाता है।

अफ़सोस की बात यह है कि मधुमक्खियों का स्वास्थ्य लगातार ख़राब होता जा रहा है और उनकी तादाद में भी कमी दर्ज की जा रही है। पर्यावरण में लगातार बढ़ रहे प्रदूषण के चलते उनका जीवन संकट में पड़ गया है। कुछ विशेषज्ञों का मानना है कि मोबाइल क्रान्ति होने के चलते भी मधुमक्खियों का जीवन संकट में पड़ा है। उनका कहना है कि मोबाइल टॉवरों से निकलने वाली तरंगों के चलते मधुमक्खियाँ अपने छत्ते का रास्ता भूल जा रही हैं। इसके चलते उनकी मौत भी हो रही है। हालाँकि, इस दावे पर विस्तृत वैज्ञानिक शोध की

अभी ज़रूरत है। जबकि, मधुमक्खियों की तादाद कम होने के पीछे निओनीकोटिनॉइड्स समूह के कीटनाशकों के फ़सलों में इस्तेमाल के लगातार बढ़ने को सबसे बड़ा कारण माना जा रहा है। कई तरह के फ़सलों में इस्तेमाल होने वाले कीटनाशकों में इसका प्रयोग किया जा रहा है। माना जाता है कि इस कीटनाशक के चलते मधुमक्खियों का प्रतिरोधी तन्त्र कमज़ोर हो जाता है। जिसके चलते वे बीमारियों की पकड़ में जल्द आ जाती हैं और उनकी मौत हो जाती है। कुछ सालों पहले डीडीटी नामक कीटनाशकों के भी ऐसे ही दुष्प्रभाव सामने आये थे। जबकि, जानवरों को दी जाने वाले एक ख़ास प्रकार की दवा डाईक्लोफ़ेनाक को गिद्धों की बड़ी आबादी के समाप्त होने का ज़िम्मेदार माना जाता है।

मधुमक्खियों की आबादी को संकट से बचाने के लिए पर्यावरणविद् कुछ ख़ास कीटनाशकों का इस्तेमाल बन्द किये जाने की माँग कर रहे हैं। जबकि, मधुमक्खियों को छत्ते लगाने के लिए ज़्यादा जगहों और विकल्पों को मुहैया कराकर भी उनकी मदद की जा सकती है क्योंकि यह एक प्रजाति ऐसी है जिसके नष्ट होने पर पृथ्वी पर बहुत कुछ नष्ट हो जाने की आशंका है।

दरअसल, हमारे पर्यावरण में कुछ भी अलग–थलग नहीं है। हर जीव–जन्तु और वनस्पति एक–दूसरे से जुड़ी हुई है। यहाँ पर कुछ भी नष्ट नहीं होता। हर कोई एक–दूसरे पर निर्भर है। सब मिलकर एक पारिस्थितिक तन्त्र बनाते हैं। भोजन बनने यानी ऊर्जा के उत्पादन से लेकर उसका उपभोग करने और उस उपभोग करने वाले का भी उपभोग करने वाले मौजूद हैं। इसी को भोजन श्रृंखला भी कहा जाता है। इसे आसान शब्दों में ऐसे समझ सकते हैं कि सूरज की रौशनी, पानी और हवा की मदद से पौधे कुछ ऊर्जा तैयार और संरचित करते हैं। जिसे छोटे कीड़े–मकोड़े खाते हैं। इन कीड़ों–मकोड़ों को मेंढक और पक्षी खा जाते हैं। जबकि, इन मेंढकों और पक्षियों को साँप खा जाते हैं। जबकि, बाज़ या चील इन साँपों को खा जाते हैं। जब बाज़ या चील की मौत होती है तो सूक्ष्म जीव उसे सूक्ष्म पोषक कणों में तब्दील कर देते हैं। इन पर कवक और फफूँद जैसी वनस्पतियाँ भी

पलती हैं। यह भोजन शृंखला का एक चक्र है जो लगातार चलता रहता है। इसमें से हर कोई अपनी जगह पर मौजूद बेहद मज़बूत कड़ी है। इसमें से किसी भी एक कड़ी के टूटने का मतलब है उस पूरी भोजन शृंखला का ही समाप्त हो जाना। अगर वे वनस्पतियाँ समाप्त हो जायें, जिन पर कीड़े–मकोड़े पलते हैं तो वे कीड़े–मकोड़े भी समाप्त हो जायेंगे। फिर उन पर निर्भर पक्षी और मेंढक भी समाप्त हो जायेंगे। इस पर साँप का जीवन भी संकट में पड़ जायेगा और साँप को खाने वाले चील और बाज़ के जीवन पर भी बन आयेगी।

इसलिए पृथ्वी पर जीवन के लिए सभी जीव–जन्तुओं और वनस्पतियों का जीवन महत्त्वपूर्ण है। उनमें भी कई का जीवन तो मानव जीवन के लिए बेहद जरूरी है। छोटे–छोटे केंचुए खेत की पूरी मिट्टी को उलट–पलट देते हैं। इससे मिट्टी की गुणवत्ता बढ़ जाती है। केंचुए के बिलों से पौधों की जड़ों को पानी और हवा मिलती है। पक्षी पौधों पर लगने वाले न जाने कितने तरह के कीड़े–मकोड़ों को खाकर उनको बीमारियों से बचाते हैं। प्रकृति अपने एक हाथ से दूसरे हाथ को नियन्त्रित करती है। शिकारी जानवर चरने वाले जानवरों की संख्या को नियन्त्रित करते हैं। अमेरिका में भेड़िये भोजन शृंखला में ऊपर की श्रेणी में रखे जाते थे। वे चरने वाले जानवरों का शिकार करते थे। भेड़ियों की आबादी में गिरावट के चलते जंगलों में चरने वाले जानवरों की संख्या बढ़ गयी। इससे जंगल की वनस्पति पर संकट आने लगा। ज़्यादा पेड़–पौधे और घास चरे जाने लगे। उन्हें दोबारा उगने का मौक़ा भी नहीं मिलता। ऐसे में उनके जीवन पर संकट पैदा होने लगा।

इस तरह के उदाहरण हर जगह दिखायी देते हैं। हाँ, कई बार किसी जीव–जन्तु के विलुप्त होने के पश्च–परिणाम तत्काल नहीं समझे जा पाते। उनका तुरन्त पता भी नहीं लग पाता, लेकिन धीरे–धीरे हमें पता चलता है कि किसी एक जीव–जन्तु या वनस्पति के हटने से गड़बड़ियों की एक पूरी शृंखला शुरू हो गयी है। जैसे ताश के पत्तों से बनाया गया महल एक ही पत्ते के हिलने या उसको खींचने से भरभराकर गिर जाता है। कुछ ऐसी ही स्थिति हमारे परिस्थितिक तन्त्र की भी है।

ज़ाहिर है कि हमारा जीवन भी तभी बचेगा जब पृथ्वी पर अन्य

जीव–जन्तुओं और वनस्पतियों का जीवन बचेगा। जबकि, विलुप्त होने वाली हर प्रजाति पृथ्वी और पर्यावरण के संकट को कई गुना बढ़ा देती है। कई पुराने मिथ भी पृथ्वी पर जीवन को बचाने की इसी जुगत की तरफ़ इशारा करते हैं। बाढ़ की आशंका को सामने देख हज़रत नूह भी अपनी नाव पर ऐसे ही जोड़ों में पशु–पक्षियों के जोड़े संरक्षित रखते चलते हैं, ताकि जब कभी वापस ज़मीन दिखे तो उन्हें फिर से फलने–फूलने का मौक़ा मिल सके।

वहीं, कुछ ऐसे जीव भी हैं जिन्होंने मानव सभ्यता के विकास के साथ ही विकसित होने वाले नये तरीक़े के पर्यावासों के अनुसार अपने को बेहतर ढंग से ढाल लिया है। इन जीवों की अनुकूलता इतनी ज़्यादा है कि वे मानवों के लिए कई तरह की मुसीबतें भी खड़ी करने से बाज नहीं आते। चूहे और कॉकरोच जैसे जीव ऐसे हैं जिनके बारे में तो यहाँ तक माना जाता है कि शायद परमाणु बमों के हमलों के बाद भी ये बच जायें। वे शायद ऐसी कुछ गिनती के सजीवों में से होंगे जो किसी आकस्मिक युद्ध में मानव सभ्यता के नष्ट होने के बावजूद भी फलते–फूलते रह सकते हैं। शहरी वातावरण में पनपने वाले बेतादाद मच्छरों से भी कुछ ऐसे ही नतीजे निकाले जाते हैं। जबकि, कबूतर जैसे कुछ पक्षी ऐसे भी हैं जिन्होंने शहरी सभ्यता के अनुसार ही अपने को ढाल लिया है। गौरेया जैसे पक्षी जहाँ नये तरीक़े के पर्यावास में खाना जुटाने और घोंसला बनाने में असफल होने के चलते शहरों से ग़ायब होते जा रहे हैं, वहीं कबूतरों की संख्या लगातार बढ़ती जा रही है। क्या इसे एक नये तरह के अनुकूलन का जीवन्त उदाहरण नहीं माना जाना चाहिए।

क्या है पर्यावरण संकट

हाल के दिनों में शायद यह सबसे ज़्यादा दोहराया जाने वाला शब्द है–पर्यावरण संकट। इसका मतलब क्या है। क्या हमारे पाँव जिस धरती पर टिके हुए हैं वह नष्ट हो रही है। जिस वातावरण में जीवन पनपा है, क्या वह तबाह हो जाने वाला है। जिस हवा में हम साँस लेते हैं, क्या उसमें ज़हर घुलने लगा है। जिन नदियों में तैरते–उछलते–कूदते हम बड़े हुए हैं, क्या उनका पानी अब हमारी त्वचा में कैंसर घोलने लगा है। क्या हमारे फेफड़ों पर कालिख जमने लगी है। क्या हमारा शरीर तमाम तरह की एलर्जी का शिकार होने लगा है। क्या आने वाले समय में हम खुली हवा में एक–एक साँस लेने के लिए तरसने लगे हैं।

ज़ाहिर–सी बात है कि इनमें से कई सवालों के जवाब हाँ में हैं। हाँ, जो नदियाँ हमारे खेलने–कूदने का स्थान थीं, जहाँ पर हम घण्टों नहाया करते थे, जहाँ पर भैंस की पूछ पकड़कर हमने नदियाँ पार की थीं, जिन नदियों में मछलियों की भरमार थीं, पानी पर पड़ती सूरज की तेज़ किरणों में मछली के शल्क चमक उठते थे, आसमान में जलपाखी या किंगफिशर घात लगाकर मछलियों के सतह पर आने का इन्तज़ार करते थे, हमारी उन नदियों में अब हम पैर डालकर बैठने से भी कतराते हैं। हमारे बड़े–बड़े शहरों ने, हमारी सभ्यता के सबसे मज़बूत स्तम्भों ने इन नदियों को नष्ट कर दिया। उन्हें सीवरेज ले जाने वाले नालों में तब्दील कर दिया।

अगली बार जब हम सुबह उठकर ब्रश करें, नहायें, कपड़े धोयें, बर्तन धोयें, तो एक बार रुककर हम सोंचे कि यह पानी आख़िर जा

कहाँ रहा है। एक–एक परिवार आमतौर हर दिन पाँच सौ लीटर से ज़्यादा पानी का इस्तेमाल कर लेता है। आख़िर यह सारा पानी जाता कहाँ है। कुछ सीधे सीवरेज सिस्टम में चला जाता है। तो कुछ गली की नालियों में।

इन नालियों से यह बड़े नालों में जाता है। इन बड़े नालों से और बड़े नालों में और उन नालों से नदियों में। इसी तरह से सीवरेज के पानी का भी ज़्यादा बड़ा हिस्सा उन्हीं नदियों में जा गिरता है। निश्चित तौर पर इसके अपवाद हैं। सीवरेज ट्रीटमेंट प्लांट बनाये गये हैं, लेकिन हम अगर सवा करोड़ की आबादी वाले देश के तौर पर देखें, हमारे जैसी भारी–भरकम आबादी वाले देश के लोगों द्वारा इस्तेमाल किये जाने वाले पानी की बड़ी मात्रा की तुलना में सीवरेज ट्रीटमेंट प्लांट से शुद्धीकृत किये हुए पानी की मात्रा बहुत ही कम है। नाकाफ़ी जैसी है। परिणाम क्या होता है, नदियाँ नालों में तब्दील हो गयी हैं। पुरानी बरसाती नदियों की तो बात ही छोड़िए, जो हमेशा सूखी रहती थीं या उनमें टखने के बराबर ही पानी हुआ करता था और बरसात के मौसम में वे उफ़न जाती थीं, सदानीरा और अपने अन्दर पूरा एक जलजीवन समेटने वाली नदियाँ भी शहरों के इस कहर से बची नहीं हैं।

सिर्फ़ एक उदाहरण से हम इस बात को अच्छी तरह समझ सकते हैं। यमुना का हरियाणा से दिल्ली में प्रवेश वज़ीराबाद में होता है। यहाँ पर यमुना का पानी काफ़ी हद तक साफ़–सुथरा है। इतना नहीं जितना कि उत्तराखण्ड के विकासनगर और हरियाणा के यमुनानगर में है। फिर भी वज़ीराबाद के रामघाट पर आप नहा सकते हैं। यहाँ पर आपको नदी में मछलियों का शिकार करते हुए मल्लाह मिल जायेंगे। नदी में अठखेलियाँ करते आस–पास के बच्चों की भरमार है। आसमान से नदी पर आँख गड़ाये हुए किंगफिशर भी यहाँ पर है, लेकिन यही यमुना जैसे–जैसे दिल्ली के अन्दर बढ़ती है, उसका पानी नाले में तब्दील होना शुरू हो जाता है। यहाँ तक कि आईटीओ पुल के नीचे तो यह ऐसी भी नहीं है कि कोई इसमें पैर डालना पसन्द करे। दिल्ली से गुजरने में आख़िर वो कौन–सा राज छुपा हुआ है,

जिसके चलते अपेक्षाकृत साफ़–सुथरी नदी एक भारी–भरकम नाले में तब्दील हो जाती है। कौन इसे इतना गन्दा कर देता है।

अभी भी देश में वे नदियाँ ही सबसे ज़्यादा साफ़–सुथरी हैं, जो शहरों के किनारे से गुज़रते हुए नहीं बहती। यानी जिनके किनारों पर शहर नहीं बसे। जो जंगलों और पठारों से बहती हैं। यहाँ पर नदी की जैव विविधता भी बरक़रार है। लेकिन, जैसे ही वे नदियाँ शहरों में प्रवेश करती हैं, उनकी पवित्रता संकट में पड़ जाती है। हमारे इस्तेमाल का पानी आख़िर कहाँ जाता है, यह कोई ऐसी बड़ी गूढ़ वैज्ञानिक पहेली नहीं है, जिसका समाधान निकालना मुश्किल हो। अपने आस–पास के माहौल, तथ्यों और सीवरेज सिस्टम पर थोड़ी निगाह डालकर भी इसे समझा जा सकता है।

हम इसका कोई हल नहीं निकाल पाये। शहरों में बसी हुई तमाम क़िस्मों की फैक्टरियों का गन्दा पानी भी इन्हीं नदियों में जाकर मिलता है। इनमें कई क़िस्म के हानिकारक रसायन भी घुले होते हैं, जिनसे नदियों का जलीय जीवन संकट में पड़ जाता है।

इसे एक और उदाहरण से इस तरह से समझ सकते हैं कि रेलवे की पटरियाँ गन्दगी की गढ़ हैं। क्यों। रेल के गुज़रते समय उसमें यात्रा करने वालों का सारा मल–मूत्र इन्हीं पटरियों पर गिरता है। धूप में सड़ते इस मल–मूत्र से बदबू के भभूके उठते हैं। उनमें बीमारियाँ पैदा होती हैं। खुले में शौच के ख़िलाफ अभियान चलाने वाली सरकारों के ख़याल में भी ये रेल की पटरियाँ नहीं आती हैं। क्या यहाँ पर मानव मल नहीं है। क्या इनसे बीमारियाँ नहीं फ़ैल रही हैं। क्या इन्हें नहीं रोका जा सकता। आख़िर क्या हम रेलवे में कोई ऐसा सिस्टम भी विकसित नहीं कर सकते हैं, जिससे यह सारा मल–मूत्र रेल की पटरियों पर न गिरे। इसे सीधे ट्रीटमेंट सिस्टम में पहुँचाया जाये।

ख़ैर, पर्यावरण संकट की ये पहेलियाँ तो ऐसी हैं जिन्हें कई सारे देशों ने काफ़ी हद तक सुलझा लिया है। ख़ासतौर पर यूरोपीय देशों ने पर्यावरण के प्रति जागरूक होने के साथ ही सबसे पहला काम अपनी नदियों को साफ़ करने का किया है। आपने लन्दन की टेम्स

नदी और जर्मनी की राइन नदी के गन्दी होने और उसकी सफ़ाई के क़िस्से ज़रूर पढ़े होंगे। इन नदियों में बरसात के अलावा कोई और पानी नहीं जाता। इनमें उनके स्रोत से निकला हुआ पानी है। ये पानी किसी ग्लैशियर के पिघलने से बना है, या फिर कहीं पर ध ारती फोड़कर स्त्रोता फूटा है। यह पानी शुद्ध है। शीशे जैसा साफ़ और पारदर्शी। यह पानी अपने पूरे वातावरण को स्वच्छ रखता है। इसमें जलीय जीवन पनपनता है। यहाँ पर किसी के घर के बर्तन ध ाोने का, कपड़ा धोने का पानी नहीं बहता। ज़ाहिर है, इस तरह की परेशानियों का हल कुछ हद तक इन समाजों ने निकाला है, लेकिन पर्यावरण का संकट इससे ज़्यादा व्यापक है। इसके अलग–अलग तमाम पहलू हैं, जिन्हें लेकर अन्य देशों द्वारा चिन्ताएँ भी जतायी जाती रही हैं।

पर्यावरण संकट अपने आप को मुख्य तौर पर दस अलग–अलग कारकों में अभिव्यक्त कर रहा है। ये सभी कारक यूँ तो अलग–अलग हैं, लेकिन ये काफ़ी हद तक एक–दूसरे से जुड़े हुए हैं। इनमें से हर एक दूसरे को बढ़ाता है और दूसरा पहले के ख़तरे को कई गुना ज़्यादा कर देता है। पूरी दुनिया ही किसी–न–किसी रूप में पर्यावरण पर आयी इन मुसीबतों का सामना कर रही है। आइये, इन पर एक निगाह डालते हैं–

प्रदूषण

हमारे पर्यावरण के सामने इस समय जो सबसे बड़ी समस्या है वह निश्चित तौर पर प्रदूषण है। इसके मायने बहुत गहरे हैं। हमको जैसी पृथ्वी मिली थी, हमने उसको वैसा नहीं रहने दिया। आज से दो सौ–तीन सौ सालों की तुलना में हमने पृथ्वी को पूरी तरह से बदल दिया। हमने नदियों को वैसा नहीं रहने दिया। हमने पहाड़ों को खोद डाला। हमने हवाओं को ज़हरीला बना दिया। पूरी दुनिया में आज लोग प्रदूषण के प्रति जागरूक हो रहे हैं और इसका हल निकालने के प्रयासों में भी जुटे हुए हैं।

ग्लोबल वार्मिंग और क्लाईमेट चेंज

दुनिया के तापमान में लगातार बढ़ोतरी हो रही है। इसका मतलब क्या है। पृथ्वी का तापमान उसके अपने वायुमण्डल के साथ–साथ बहुत से अन्य कारकों से जुड़ा हुआ है, लेकिन इस तापमान में लगातार बढ़ोतरी हो रही है। पृथ्वी के गरम होने के अलग–अलग परिणाम भी देखने को मिल रहे हैं। पृथ्वी के ध्रुवों पर ढेर सारी बर्फ़ जमी हुई है। गरमी बढ़ने के साथ ही यहाँ की बर्फ़ पिघलने की रफ़्तार में भी तेज़ी आयी है। इसके चलते समुद्र की सतह से कम ऊँचाई पर मौजूद मालद्वीप और नीदरलैंड जैसे देशों के डूबने के हालात भी आने वाले समय में पैदा हो सकते हैं। वहीं, ग्लोबल वार्मिंग रो दुनिया के ऋतु चक्र में भी परिवर्तन देखने को मिल रहा है। कहीं पर बेमौसम की बारिश हो रही है तो कहीं पर इतनी ज़्यादा बर्फ़ गिर रही है कि लोगों का जीवन मुश्किल हो रहा है। मौसम की इस तरह की मार पिछले कुछ सालों में लगातार बढ़ रही है। इसके पीछे ग्लोबल वार्मिंग को ही मुख्यतौर पर ज़िम्मेदार माना जा रहा है।

जनसंख्या विस्फोट

दुनिया की जनसंख्या में लगातार बढ़ोतरी हो रही है। क़ायदे से देखा जाये तो पिछले तीन–चार सौ सालों में जैसे–जैसे जीवन को आसान बनाने वाले साधनों और स्वास्थ्य सेवाओं में इजाफ़ा हुआ है, वैसे–वैसे लोगों की जनसंख्या में तेज़ी से बढ़ोतरी हुई है। दुनिया की मृत्युदर में औसतन कमी आयी है और जन्मदर में तेज़ी से बढ़ोतरी हुई है। जनसंख्या का बढ़ना यूँ तो कोई समस्या नहीं है, लेकिन अगर उसी अनुपात में जीवन जीने के साधनों में बढ़ोतरी न हो तो समस्याएँ बढ़ने लगती हैं। एक बात, जिसकी चिन्ता अक्सर ही जताई जाती है कि यह पृथ्वी आख़िर कितने लोगों के रहने के लिए उपयुक्त साबित होगी। क्या कभी ऐसा चरम समय आयेगा, जब कहा जायेगा कि बस इससे ज़्यादा लोग अब पृथ्वी पर नहीं रह सकते। उनका भरण–पोषण यह पृथ्वी नहीं कर पायेगी। ख़ैर, संसाधनों की इसी

कमी के चलते कई सारे देश जनसंख्या विस्फोट से उपजी समस्याओं का सामना कर रहे हैं।

प्राकृतिक संसाधनों का समाप्त होते जाना

हम मानवों की संख्या पृथ्वी पर जिस तेज़ी से बढ़ी है, उसी अनुपात में हम प्राकृतिक संसाधनों का भी इस्तेमाल करते जा रहे हैं। इन प्राकृतिक संसाधनों के लगातार और तेज़ी से दोहन के चलते इनके समाप्त हो जाने का संकट पैदा होने लगा है। इसे इस तरह भी समझ सकते हैं कि दुनिया में जिस तेज़ी से फॉसिल फ्यूल यानी प्राकृतिक तेल और गैस के भण्डारों के ख़त्म होने का ख़तरा बढ़ रहा है, उसी तेज़ी से उन पर क़ब्ज़ेदारी की क़वायदें भी तेज़ हो गयी हैं। इसी तरह से, भले ही पृथ्वी का ज़्यादातर हिस्सा समुद्रों से भरा हुआ है, लेकिन इनमें पीने लायक मीठा पानी बहुत कम है। दुनिया में मीठे पानी की इस कमी को लेकर भी तमाम चिन्ताएँ जताई जा रही हैं। इनके समाप्त होते जाने के चलते इस बात की आशंका भी ज़ाहिर की जा रही है, अगला विश्वयुद्ध भी पानी के चलते हो सकता है। इसलिए पृथ्वी के सामने मौजूद बड़ी चुनौतियों में इसे भी शामिल किया जाना चाहिए।

इस कचरे का क्या करे

हम जिस अनुपात में उपभोग कर रहे हैं, उसी अनुपात में हम कचरा भी पैदा कर रहे हैं। इसमें इस तरह के कचरे का हिस्सा भी बहुत बड़ा है जिसे नष्ट करना भी आसान नहीं है। भारत की राजधानी दिल्ली में प्रवेश करने के साथ ही हम कचरे के बड़े–बड़े पहाड़ देख सकते हैं और इन कचरे के पहाड़ों की ऊँचाई अब बस कुतुबमीनार के बराबर होने को ही है। देश व दुनिया के अन्य शहरों की हालत भी इससे जुदा नहीं है। इस कचरे का हम क्या करें, यह एक बड़ी समस्या बन चुका है। इसके सड़ने से जहाँ ख़तरनाक गैसों का उत्सर्जन होता है। इससे रिसा हुआ पानी भूमिगत जल को भी प्रदूषित करता है। दुनिया के सामने कचरा निस्तारण एक वास्तविक समस्या बन

गया है। इसमें परमाण्विक और मेडिकल कचरा तो और भी बड़ी समस्या हो गयी है। प्लास्टिक कचरा एक वास्तविक समस्या है।

नष्ट हो रही है जैव विविधता

पृथ्वी पर जीवन मुख्यतः दो ही रूप में ही है। पहला तो पादप और दूसरा जन्तु। इसकी अलग–अलग शाखाएँ, परिवार और जातियाँ हैं। हमारी पृथ्वी जैव विविधता से भरी हुई है। यहाँ पर जीव–जन्तुओं की करोड़ों की जातियाँ पायी जाती हैं, लेकिन चिन्ता की बात यह है कि यह विविधता तेज़ी से समाप्त हो रही है। हर दिन जीवों और पादपों की तमाम प्रजातियाँ विलुप्त हो रही हैं। यह पूरी पारिस्थितिकी को नुक़सान पहुँचाने वाला है। जंगलों को काटकर वहाँ पर खेती के लिए ज़मीन निकालने से, शहरों और गाँवों को बसाये जाने से जंगली जीवों के लिए पर्यावास की समस्या गम्भीर हो गयी है।

समुद्र में घुल रहा है तेज़ाब

बरसात एक ऐसा शब्द है जो हर किसी के चेहरे पर चमक बिखेर देता है। बारिश की बूँदों से सभी का मन मचल उठता है, लेकिन दुनिया के समुद्रों में प्रदूषण के बढ़ते स्तर के चलते उसमें अम्ल की मात्रा में भी इजाफ़ा हुआ है। इसके चलते कई जगहों पर इस तरह की बारिश भी देखी जा रही है, जहाँ पर पानी की बूँदों में अम्ल की मात्रा ख़तरनाक स्तर पर बढ़ी हुई होती है। यह इन्सानों और पशु–पक्षियों के लिए तो घातक होती ही है, जंगलों और खेतों को भी इससे नुक़सान पहुँचता है। दूसरी ओर, ओजोन की परत में होने वाले छिद्र ने भी मानव अस्तित्व के लिए गम्भीर ख़तरा पेश किया है।

शहरीकरण अपने आप में एक समस्या

पूरी दुनिया में विकास का एक ख़ास पैटर्न दिखायी देता है। विकास के इस तरीक़े में संसाधनों को शहरों में संकेन्द्रित कर दिया गया है। इसके चलते गाँवों से शहरों की तरफ़ बड़ी जनसंख्या का पलायन

हुआ है। शहरीकरण के इस तरीके ने अपने आप ही कई समस्याओं को पैदा कर दिया है। इसी के चलते कई ऐसी बीमारियों का उदय भी हुआ है, जिनका पहले नाम भी नहीं सुना जाता था। शहरीकरण ने इन बीमारियों को तेज़ी से फैलाने में भी मदद की है। एक समाज के तौर पर पूरी मानव जाति बड़ी बीमारियों के ख़तरे का सामना कर रही है और नये-नये वायरसों के पैदा होने या पुरानी दवाओं के प्रति उनके प्रतिरोधी हो जाने का ख़तरा अब वास्तविक हो गया है।

खतरे की घण्टी बज चुकी है

पर्यावरण के संकट को अब दुनिया भर में ही पहचाना जा चुका है। इसके समाधान की कोशिशें भी शुरू हो चुकी हैं। अलग-अलग देशों के प्रतिनिधियों के बीच बड़े सम्मेलनों और सेमिनारों का आयोजन भी हो रहा है। हालाँकि, अभी पर्यावरण को बचाने के लिए किये जाने वाले उपायों को लेकर सहमति नहीं बन पायी है और बात दोषारोपणों में जाकर उलझ जाती है। इसके बावजूद यह कहा जा सकता है कि पर्यावरण पर तेज़ी से छा रहे इस संकट ने लोगों को मजबूर किया है कि वे इन पर सोचें। आख़िर यह मानव जाति ही है, जिसके पास ख़ुद इस पृथ्वी को कई बार नष्ट करने की क्षमता मौजूद है। जी हाँ, आज दुनिया में मौजूद परमाणु हथियारों के बारे में यह बात बार-बार कही जाती है कि अगर ये सारे हथियार इस्तेमाल किये गये तो पृथ्वी को कई बार नष्ट किया जा सकता है। इसलिए रास्ता निकालने की ज़रूरत भी लगातार बढ़ती जा रही है।

इन्सान की लापरवाहियों और कारगुजारियों के जीवों और उनके पर्यावास पर कैसे असर पड़ते हैं, इन्हें कुछ उदाहरणों से समझा जा सकता है। 20 मार्च 2018 का दिन पर्यावरण और वन्यजीवन के लिए किसी दुःस्वप्न से कम नहीं है। इस दिन नॉर्थर्न व्हाइट राइनो सूडान की मौत हो गयी। वह अपनी प्रजाति का अकेला नर था। उसके बाद अब सिर्फ़ दो मादाएँ बची हैं। चूँकि नर की मौत हो गयी, इसलिए यह कहा जा सकता है कि एक पूरी प्रजाति समाप्त हो गयी। सींग के लिए हुए अन्धाधुन्ध शिकार ने उसके अस्तित्व को धरती से साफ़ कर दिया। इसी से मिलती-जुलती एक घटना 12 अप्रैल 2018 की

है। इस दिन स्पेन के तट पर एक स्पर्म व्हेल की लाश आ टिकी। लगभग 32 फिट लम्बी यह स्पर्म व्हेल पूरी तरह से वयस्क नहीं हुई थी। इसलिए उसकी मौत की वजह जानने को लेकर विशेषज्ञों में अलग उत्सुकता थी। पोस्टमार्टम किये जाने पर स्पर्म व्हेल के पेट से लगभग 27 किलो प्लास्टिक कचरा निकला है। इस प्लास्टिक को वह हजम नहीं कर सकता था। इसलिए उसकी मौत हो गयी। आज दुनिया भर में ही समुद्रों को सबसे बड़े कचराघर की तरह इस्तेमाल किया जा रहा है। जो कुछ भी कूड़ा–करकट है, ख़राब है, हमारे लिए उपयोगी नहीं है, नुक़सानदायक है, उसे समुद्र में फेंक दो। ठिकाने लगा दो।

समुद्री कछुओं (सी टर्टल) के लिए हम इन्सानों ने एक दूसरी ही मुसीबत खड़ी कर दी है। दरअसल, सी टर्टल, क्रोकोडायल, एलीगेटर जैसे कुछ जीवों में नर और मादा का निर्धारण उस तापमान से होता है जिसके बीच वे अण्डे रहते हैं।

हाल ही में ऑस्ट्रेलिया से आयी रिपोर्ट बताती है कि वहाँ पर सी टर्टल की लगभग 99 फ़ीसदी तक आबादी मादा हो गयी है। सी टर्टल अपने अण्डे समुद्र के तट पर रेत में दबा देते हैं। अब अगर रेत के अन्दर का तापमान 27.7 डिग्री सेल्सियस या उससे नीचे रहता है तो अण्डे से नर बच्चे निकलते हैं। जबकि, अगर अन्दर का तापमान 31 डिग्री सेल्सियस या उससे ज़्यादा होता है तो अण्डे से मादा बच्चे निकलते हैं। इन दोनों के बीच तापमान रहने से कुछ बच्चे नर तो कुछ बच्चे मादा निकलते हैं। हाल के वर्षों में दुनिया की जलवायु में बड़े परिवर्तन हुए हैं। ग्लोबल वार्मिंग के चलते दुनिया के औसत तापमान में इजाफ़ा हुआ है। इसके चलते सी टर्टल के अण्डे जिस रेत में दबे रहते हैं, उसका तापमान भी बढ़ गया है। इससे अण्डों से ज़्यादातर मादा बच्चे निकल रहे हैं। सी टर्टल की आबादी में नर की कमी हो गयी है। ऐसे में यह पूरी प्रजाति कैसे अपना अस्तित्व बचाकर रख पायेगी।

ज़ाहिर है कि प्रकृति तमाम तरीक़ों से हमें ख़तरे का संकेत दे रही है। पर क्या हम उसे समझ पायेंगे।

क्या हमारे पास इतना वक़्त बचा है!

❑❑

परिशिष्ट

(संकलन : रज़ा काज़मी, वन्यजीव शोधकर्ता)

इस तस्वीर पर 1885 की तारीख़ है और यह चार्ल्स ई क्ले द्वारा 1901 में न्यूयार्क की 'आउटिंग' पत्रिका में प्रकाशित हुई। इसमें एशियाटिक चीता को साफ़ देखा जा सकता है। भारत में अफ्रीकी चीतों को मँगाया जाना प्रथम विश्व युद्ध (1914–1918) के बाद शुरू हुआ। आप ग़ौर करें तो इन चीतों की पूँछ के अन्तिम सिरे को काले रंग का देख सकते हैं। इसके विपरीत अफ्रीकी चीतों की पूँछ का अन्तिम सिरा आमतौर पर सफ़ेद होता है।

चीता, काराकल और शिकारी बाज अपने प्रशिक्षकों के साथ। यह तस्वीर मेजर जनरल नाइजेल वुडायत्त की किताब 'माई स्पोर्टिंग मेमोरीज़ : फ़ोर्टी ईयर्स विद नोट-बुक एंड गन' में प्रकाशित हुई। यह किताब वर्ष 1923 में प्रकाशित हुई थी।

यह लिथोग्राफ स्मिथ इल्डर एंड कंपनी ऑफ लंदन द्वारा वर्ष 1850 में प्रकाशित किया गया है। यह कौन-सी जगह है, इसके बारे में निश्चित जानकारी नहीं है। लेकिन, फौव्वारों के डिज़ाइन से यह मुग़ल गार्डन लगता है और चीता प्रशिक्षकों की पगड़ी से इसे दक्कन का माना जाता है।

कांबे में शिकार के बाद चीता को उसका हिस्सा मिला। कांबे से आशय प्रिंसले स्टेट खंबात से है जो फिलहाल गुजरात का हिस्सा है। लेडी मेलेट द्वारा यह चित्र बनाया गया है और ओरियंटल मेमॉयर्स के वॉल्यूम-1 में सुरक्षित है। स्केच ब्रिटिश लाइब्रेरी ऑनलाइन गैलरी से साभार।

यह भारत के राजा और लोगों पर बनाया गया इमिली ईडिन का पोर्ट्रेट है। (1843) ईडिन ने लिखा है-ये शिकारी लेपर्ड अवध के नवाब के हैं। स्केच ब्रिटिश लाइब्रेरी ऑनलाइन गैलरी से साभार।

मरीना नार्थ की बनायी गयी पेंटिंग। इसका शीर्षक है-स्ट्रीट ऑफ़ हंटिंग चीता एंड लिंक्स। अलवर, भारत 1878 । अपनी किताब 'रीलोकेशन ऑफ़ हैप्पी' (1892) में उन्होंने लिखा है-मैंने देखा कि पूरी सड़क ही शिकारी चीतों और लिंक्स से भरी हुई है। चेन में बँधे ये जंगली जानवर अपने रखवालों के घर के आगे चारपाई से बँधे बैठे हैं। उनके रखवाले या प्रशिक्षक पीछे बैठे हैं या सो रहे हैं। छोटे बच्चे, मोर, मुर्गे-मुर्गी आदि बिना किसी डर-भय के उनके आसपास से गुज़र रहे हैं। स्केच ब्रिटिश लाइब्रेरी ऑनलाइन गैलरी से साभार।